Knowledge House & Walnut Tree Publishing

Knowledge House & Walnut Tree Publishing

Knowledge House & Walnut Tree Publishing

Knowledge House & Walnut Tree Publishing

那一刻誰影響了歷史

目錄

王自往請之，曰：「吾國東有齊、中山，北有燕、東胡，西有樓煩、秦、韓之邊。今無騎射之備，則何以守之哉？先時中山負齊之強兵，侵暴吾地，繫累吾民，引水圍鄗，微社稷之神靈，則鄗幾於不守也。先君醜之，故寡人變服騎射，欲以備四境之難，報中山之怨。而叔順中國之俗，惡變服之名，以忘鄗事之醜，非寡人之所望也！」公子成聽命，乃賜胡服。明日服而朝。於是始出胡服令，而招騎射焉。——《資治通鑑》

乃者貳師敗，軍士死略離散，悲痛常在朕心。今請遠田輪臺，欲起亭隧，是擾勞天下，非所以優民也。今朕不忍聞。大鴻臚等又議，欲募囚徒送匈奴使者，明封侯之賞以報忿，五伯所弗能為也。且匈奴得漢降者，常提掖搜索，問以所聞。今邊塞未正，闌出不禁，障候長吏使卒獵獸，以皮肉為利，卒苦而烽火乏，失亦上集不得，後降者來，若捕生口虜，乃知之。當今務在禁苛暴，止擅賦，力本農，修馬復令，以補缺，毋乏武備而已。郡國二千石各上進畜馬方略補邊狀，與計對。——《漢書》

夏五月，詔曰：「朕以眇身奉承祖宗，夙夜惟念孝武皇帝躬履仁義，選明將，討不服，匈奴遠遁，平氐、羌、昆明、南越，百蠻鄉風，款塞來享；建太學，修郊祀，定正朔，協音律；封泰山，塞宣房，符瑞應，寶鼎出，白麟獲。功德茂盛，不能盡宣，而廟樂未稱，其議奏。」有司奏請宜加尊號。六月庚午，尊孝武廟為世宗廟，奏〈盛德〉、〈文始〉、〈五行〉之舞，天子世世獻。武帝巡狩所幸之郡國，皆立廟。賜民爵一級，女子百戶牛酒。——《漢書》

四、王莽改制 043

贊曰：王莽始起外戚，折節力行，以要名譽，宗族稱孝，師友歸仁。及其居位輔政，成、哀之際，勤勞國家，直道而行，動見稱述。豈所謂「在家必聞，在國必聞」，「色取仁而行違」者邪？莽既不仁而有佞邪之材，又乘四父歷世之權，遭漢中微，國統三絕，而太后壽考為之宗主，故得肆其姦慝，以成篡盜之禍。推是言之，亦天時，非人力之致矣。及其竊位南面，處非所據，顛覆之勢險於桀、紂，而莽晏然自以黃、虞復出也。乃始恣睢，奮其威詐，滔天虐民，窮凶極惡，毒流諸夏，亂延蠻貉，猶未足逞其欲焉。是以四海之內，囂然喪其樂生之心，中外憤怨，遠近俱發，城池不守，支體分裂，遂令天下城邑為虛，丘壟發掘，害遍生民，辜及朽骨，自書傳所載亂臣賊子無道之人，考其禍敗，未有如莽之甚者也。——《漢書》

五、誰主神器 055

六月己未，即皇帝位。燔燎告天，禋於六宗，望於群神。其祝文曰：「皇天上帝，后土神祇，眷顧降命，屬秀黎元，為人父母，秀不敢當。群下百辟，不謀同辭，咸曰：『王莽篡位，秀發憤興兵，破王尋、王邑於昆陽，誅王郎、銅馬於河北，平定天下，海內蒙恩。上當天地之心，下為元元所歸。』讖記曰：『劉秀發兵捕不道，卯金修德為天子。』秀猶固辭，至於再，至於三。群下僉曰：『皇天大命，不可稽留。』敢不敬承。」於是建元為建武，大赦天下，改鄗為高邑。——《後漢書》

袁宏《漢紀》載漢帝詔曰：「朕在位三十有二載，遭天下蕩覆，幸賴祖宗之靈，危而復存。然仰瞻天文，俯察民心，炎精之數既終，行運在乎曹氏。是以前王既樹神武之績，今王又光曜明德以應其期，是曆數昭明，信可知矣。夫大道之行，天下為公，選賢與能，故唐堯不私於厥子，而名播於無窮。朕羨而慕焉，今其追踵堯典，禪位於魏王。」——《三國志》

高祖曰：「卿所謝者私也，我所議者國也。古人有言，大義滅親。今恂欲違父背尊，跨據恆朔。天下未有無父國，何其包藏，心與身俱。此小兒今日不滅，乃是國家之大禍，脫待我無後，恐有永嘉之亂。」乃廢為庶人，置之河陽，以兵守之，服食所供，粗免饑寒而已。——《魏書》

帝入東閣竹殿，命舍人高善寶焚古今圖書十四萬卷，將自赴火，宮人左右共止之。又以寶劍斫柱令折，歎曰：「文武之道，今夜盡矣！」乃使御史中丞王孝祀作降文。……或問：「何意焚書？」帝曰：「讀書萬卷，猶有今日，故焚之！」——《資治通鑑》

九年，皇太子建成、齊王元吉謀害太宗。六月四日，太宗率長孫無忌、尉遲敬德、房玄齡、杜如晦、宇文士及、高士廉、侯君集、程知節、秦叔寶、段志玄、屈突通、張士貴等於玄武門誅之。甲子，立為皇太子，庶政皆斷決。太宗乃縱禁苑所養鷹犬，並停諸方所進珍異，政尚簡肅，天下大悅。——《舊唐書》

當是時，天下大亂，戎夷交侵，生民之命，急於倒懸，道方自號「長樂老」，著書數百言，陳己更事四姓及契丹所得階勳官爵以為榮。自謂：「孝於家，忠於國，為子、為弟、為人臣、為師長、為夫、為父，有子、有孫。時開一卷，時飲一杯，食味、別聲、被色，老安於當代，老而自樂，何樂如之？」蓋其自述如此。——《新五代史》

太宗即位，始去違命侯，加特進，封隴西郡公。太平興國二年，煜自言其貧，詔增給月奉，仍賜錢三百萬。太宗嘗幸崇文院觀書，召煜及劉，令縱觀，謂煜曰：「聞卿在江南好讀書，此簡策多卿之舊物，歸朝來頗讀書否？」煜頓首謝。三年七月，卒，年四十二。廢朝三日，贈太師，追封吳王。——《宋史》

真宗大中祥符元年，兗州父老呂良等千二百八十七人及諸道貢舉之士八百四十六人詣闕陳請，而宰臣王旦等又率百官、諸軍將校、州縣官吏、蕃夷、僧道、父老二萬四千三百七十人五上表請，始詔今年十月有事於泰山。……以王旦為大禮使，王欽若為禮儀使，參知政事馮拯為儀仗使，知樞密院陳堯叟為鹵簿使，趙安仁為橋道頓遞使，仍鑄五使印及經度制置使印給之。遣使詣嶽州，採三脊茅三十束，有老人黃皓識之，補州助教，賜以粟帛。——《宋史》

冬十月乙丑，閱新樂器於崇政殿，出古器以示百官。戊辰，詔冬祀大禮及朝景靈宮，並以道士百人執威儀前導。冬十一月辛巳，朝獻景靈宮。壬午，饗太廟，加上神宗謚曰體元顯道法古立憲帝德王功英文烈武欽仁聖孝皇帝，改上哲宗謚曰憲元繼道世德揚功欽文睿武齊聖昭孝皇帝。癸未，祀昊天上帝於圜丘，大赦天下。升端州為興慶府。乙酉，以天神降，詔告在位，作〈天真降臨示現記〉。——《宋史》

陛下誠知齋醮無益，一旦翻然悔悟，日御正朝，與宰相、侍從、言官講求天下利害，洗數十年之積誤，置身於堯、舜、禹、湯、文、武之間，使諸臣亦得自洗數十年阿君之恥，置其身於皋、夔、伊、傅之列，天下何憂不治，萬事何憂不理。此在陛下一振作間而已。釋此不為，而切切於輕舉度世，敝精勞神，以求之於繫風捕影、茫然不可知之域，臣見勞苦終身，而終於無所成也。今大臣持祿而好諛，小臣畏罪而結舌，臣不勝憤恨。是以冒死，願盡區區，惟陛下垂聽焉。——《明史》

上寄諭壯圖，問途中見商民蹙額興歎狀否。壯圖覆奏，言目見商民樂業，絕無蹙額興歎情事。上又令慶成傳旨，令其指實二三人，毋更含糊支飾。壯圖自承虛誑，奏請治罪。尋復察蘇州布政使庫，亦無虧。還京，下刑部治罪，比挾詐欺公、妄生異議律，坐斬決。上謂壯圖逞臆妄言，亦不妨以謗為規，不必遽加重罪，命左授內閣侍讀。繼又以侍讀缺少，改禮部主事。——《清史稿》

胡服騎射

王自往請之，曰：「吾國東有齊、中山，北有燕、東胡，西有樓煩、秦、韓之邊。今無騎射之備，則何以守之哉？先時中山負齊之強兵，侵暴吾地，繫累吾民，引水圍鄗，微社稷之神靈，則鄗幾於不守也。先君醜之，故寡人變服騎射，欲以備四境之難，報中山之怨。而叔順中國之俗，惡變服之名，以忘鄗事之醜，非寡人之所望也！」公子成聽命，乃賜胡服。明日服而朝。於是始出胡服令，而招騎射焉。——《資治通鑑》

胡服騎射

我將要帶領大家走進中國歷史的長廊，從中定格若干個中國歷史的片段。這其實是有一定隨意性的，中國歷史那麼長，要講的實在太多，我們都看過一本書——《天方夜譚》，又叫做《一千零一夜》，如果說阿拉伯的故事可以講「一千零一夜」的話，中國的歷史，「一萬零一夜」甚至「十萬零一夜」也講不完。一個人學習瞭解的內容畢竟有限，個人興趣也都不同。這些年來，我在學習歷史、瞭解歷史的過程中，寫了一些文章，給各位講的就是我已經寫過的中國歷史上的這些片段，這些片段並不一定就是最重要的，但是我認為，它有一定的代表性，或者說也是比較有趣的。

學習歷史，當然首先是瞭解，但瞭解了之後幹什麼呢？我想不同的人有不同的需要，政治家需要通過歷史吸取經驗教訓，學者則可以通過歷史來進行研究。我們平時講，通過瞭解歷史可以得到智慧、得到樂趣，所以我希望所講的內容能夠對大家有所說明，或者讓大家會心一笑，或者可以引起各位的思考。

至於我定格的這些片段以外，還有更重要的內容，請各位讓我慢慢再學，再思考。這些片段有的正好可以串聯起來，但有的中間隔開了，所以需要一個一個片段講。首先要講的是「胡服騎射」。

大家都知道秦國的商鞅曾經實行變法，這對秦國的發展壯大起了很大的作用，但今天我要告訴各位：趙武靈王實行胡服騎射也是一場意義重大的改革，並在當時以及後來都對歷史起了非常大的作用。

講到「胡服騎射」，首先解釋一下什麼叫「胡服」。「服」就是服裝、服飾；「胡」就是胡人。以前，在中原的華夏諸族，他們把生活在北方包括西北、東北的非華夏諸族，統統稱之為「胡人」，所以所謂「胡服」，就是胡人的服飾。那麼「騎射」是什麼意思呢？很簡單，騎著馬作戰，打仗射箭。大家可能覺得這個很正常，馬就是用來騎的。其實不見得這樣，因為中國古代，華夏諸族的馬不是用來騎的，主要是用來拉車的。打仗的時候，雙方都是趕著馬車，然後馬車上的人用長武器打仗。

之所以要實行「胡服騎射」，就是要使華夏諸族能夠接受胡人的服裝，改變傳統的作戰方式。

那麼誰實行「胡服騎射」？主人公是戰國時期趙國的國君趙武靈王。趙武靈王為什麼要進行這一改革？這不能不講當時趙武靈王所面臨的形勢和他的抱負。

趙武靈王做出這個決定是在西元前三〇七年，也就是他繼位十九年後。趙國原來跟魏國、韓國一樣，不是獨立的諸侯國，而是晉國的三位大臣於西元前四〇三年分晉創建的，並且得到了周天子的承認。

在三家分晉之後差不多一百年的時間裡，魏國在這三家裡經常執牛耳，占主導地位。趙國則國勢衰弱，經常受到鄰國的欺壓。趙武靈王繼位的時候，就發生了一件使趙國很受辱的事情。趙武靈王的父親趙肅侯死了，周邊幾個諸侯國如秦國、楚國、燕國、齊國、魏國，都來參加葬禮，可是這些來參加葬禮的諸侯國君都派了一萬精兵隨同，外人看著是來參加葬禮，實則是給這位少年新君一個下馬威。

趙國在其他方面也不容樂觀，比如說趙國的近鄰中山國。魏國曾經把中山國滅了，後來中山又復國了。儘管中山國的實力不強，但作為近鄰的趙國卻奈何它不得。另外，趙國曾經跟齊國、魏國一起想進攻秦國，結果被秦國打敗。後來趙國跟齊國、魏國發生衝突，齊、魏兩個國家又聯合進攻趙國，趙國作戰失敗，最後還是想辦法掘開了黃河大堤，讓黃河水潰堤，才阻擋住了對方的攻勢。

所以趙武靈王繼位的時候，趙國國力非常衰弱，又面臨著一些強鄰。在其即位以後不久，趙國又被秦國打敗。這一次，趙國的損失很大，八萬士兵被秦國屠殺。秦國還步步深入，攻下了趙國的藺、離石，就是今天山西離石這一帶，威脅到趙國國都安全。趙武靈王就是在這樣一種形勢下繼位的。繼位之初，他就設置了兩個以前沒有的官職，一個叫做「博聞師」，「博聞」意即知道的事情很多，他設立了三位博聞師，實際上就給自己找了三位顧問，他不知道的事情隨時可以請教。如果這還不算什麼了不得的話，他又專門設立了三位叫「司過」的官職，專門監督國王有什麼過錯，然後隨時向其提出意見。趙武靈王一邊學習一邊找大臣專門監督他，這是一方面。另外一方面，當時諸侯林立，大家爭著要提高自己的級別，很多國君紛紛稱王。趙國本來是子爵，祖上有趙簡子、趙襄子等。到趙武靈王父親的時候，諡號是趙肅侯，已經稱侯了，但是趙武靈王卻只把自己的稱呼定為「君」。什麼意思呢？就是說，趙武靈王認為還不到稱王的時候，那就不要用這個名義。不過，他始終在觀察周邊的形勢，積蓄力量，隨時準備在必要時發揮出來。西元前三〇九年，趙武靈王親自到東北的邊疆九門，就是今天河北的西北邊界一帶，築了一個瞭望臺，叫做野臺，在這裡觀察鄰邦中山國的形勢。

西元前三〇七年，趙武靈王終於找到了機會。當時，秦國君王是秦武王，力氣很大，而且很喜歡表演。有一次他跟一個武士比武，大家說把鼎舉起來，結果他舉起來好幾次，突然一下子站立不穩，被掉下來的鼎壓斷了脛骨，很快就死了。趙武靈王得到這個消息，就採取了一個措施，他知道當時秦王之位一時之間沒有人繼承，而秦武王有一個同父異母的兄弟在鄰國燕國，於是他趕快派人到燕國護送這位公子回到秦國。後來果然這位公子繼位了，這個人就是秦昭王，因為秦昭王是在趙武靈王的支持下回到國內繼位的，這樣就改善了趙國跟秦國的關係。當時秦國很強大，趙國與其改善關係以後，當然就能擺脫這個主要威脅，去處理其他的事情了。接下去，趙武靈王大舉進攻中山國，攻占了中山國一些戰略要地。他還親自率領軍隊向北及西北推進，一直把趙國的疆域擴展到了今天內蒙古河套一帶，所以從地圖上可以看到，趙國的疆域一下子就大規模地擴展了。疆域擴展到了河套還有一個好處，那就是趙國的勢力範圍到了秦國的北邊，不再被動地處於秦國的威脅之下，而是從北方扼制了秦國。而中山國呢，被趙武靈王這樣接連地進攻，戰略要地都失去了，只能苟延殘喘。經過十九年的苦心經營，趙武靈王已經擺脫了原來處處受壓、受鄰國打擊、無所作為的境地。

趙武靈王是不是就滿足了這樣的形勢呢？不是。他下一步醞釀著更大的改革，那就是「胡服騎射」。

為什麼中原這麼多的君主，只有趙武靈王想到這一點呢？這當然一方面是他為了國家的強大，要提高軍事實力，但是另一方面，也是因為他在開疆拓土的過程中，親自深入實際，看到了北方的胡人在軍事上之所以占據優勢，很大的原因就是他們不是用中原地區傳統的車戰，而是用騎兵、射箭。為了適應騎馬射箭，必然要改變服裝，因為中原地區傳統的男子服裝是上衣下裳，跟近代的連衣裙差不多，下面不穿長褲，而只穿一條裙子，這樣的服裝是沒有辦法騎馬的。所以，人只能站在車上打仗。另外，中原地區飼養的牛、馬，在勞動時主要是用來拉車的，在拉車的基礎上發展下來就是兵車，所以打仗都是用兵車。

可以想像，幾匹馬拉著車，很重要的就是那個趕車人，他掌握著方向，控制著速度。在打仗時，還需要有道路配合，如果前面是一個坡就不一定上得去，甚至有可能沒有道路，那行進就更艱難了，所以兵車的機動性是很差的。騎兵則有很大的機動性，有的坡也能爬過去，沒有路也可能通過，小河也可能過去。另外從戰爭本身來講，站在車上用一支長矛打仗，雖然可以延伸自己的手臂，但是幅度受到了車的限制，遠遠比不上騎兵用箭可以射到的範圍。還有，馬車通常要用好幾匹馬拉，一旦其中一匹馬出了問題就會影響到其他的馬，另外如果車輪什麼地方出了毛病，比如車軸斷了，都可能出現問題。還有車要拐彎、要調頭，都不是很容易的，所以在戰爭中常常是腹背受敵。

相比之下，騎兵的優勢就大大凸顯出來了，所以北方的胡人都不用車，他們的車主要是用來運輸以及後勤補給，戰鬥中主要的實力則都是騎兵。趙武靈王這麼一考察就明白了，要突破、要提高自己的戰鬥力，一定要把兵車改成騎兵，而要改成騎兵，當然要推廣射箭。

為了配合騎兵，衣服也一定要改革。只有學習胡人，上身穿緊身窄袖，下面穿長褲，這樣的服裝才能符合需要。但是改革的阻力非常大，什麼道理呢？在華夏諸族發展的過程中，服裝已經成為禮儀、文化的一部分，從服裝的原始功能來講，不過是遮羞、保暖、美化。原始人一開始是不穿衣服的，後來出於保暖的需要，用樹葉、獸皮這些東西裹身。再後來有了倫理觀念，無論男女都要把不宜公開的地方包裹起來，就有了遮羞的功能。等到這兩個功能都滿足了，又有了追求美麗之心，就通過服裝的色彩、款式進行美化。

在走向文明的過程中，服裝還產生了一個更大的功能，就是要和穿著者的身份相匹配。儒家講究等級制度、講究禮儀，那麼等級制度跟禮儀通過什麼來呈現呢？除了通過一些規範、儀式以外，就是通過服裝了，通過戴什麼帽子，穿什麼衣服，衣服什麼顏色、什麼式樣來體現，而且穿戴服飾往往把外觀的形象跟自己內在的需要聯繫起來，所以服裝是不能隨便改變的。帽子當然更重要，在重要的場合，不僅要戴正帽子，戴自己規定能戴的帽子，連帽子的裝飾譬如帽纓都不能散亂。孔子最得意的學生子路在一次政變中親自參與，本來他的武功很好，格鬥也沒有出現什麼大的問題，但是不小心帽纓掉在地上了，他就停止格鬥，把自己的帽子戴好、帽纓放齊，就在這個時候，被對手給殺了，千古遺恨。有人辯論說他當時應該先保命要緊，生命都沒有了，還管什麼帽纓正不正呢！我想在子路的理念裡，是寧可死都不願意損害自己的形象，特別是帽子那麼重要的東西。所以從這裡就可以看出，要想華夏諸族特別是上層人物改變服飾，這不是那麼容易的。

同樣，要這麼多的文武官員改變他們的作戰方式，也是不容易的。戰國時，文武的區別還不是那麼明顯，一般來講，每一個貴族、每一個將軍甚至每一個平民都要掌握駕車等作戰本領。例如孔子教學生「六藝」，其中就包括了射箭、駕車。駕車人在當時特別重要，國君、統帥都離不開駕車的人，等於國君的安危就交給他了，統帥打仗也是靠他。我們就可以理解，要改革，要胡服騎射，是很不容易的。

另外當時那些貴族其實也不一定都具備作戰能力，並不一定騎射都可以學得很好，要讓他們放棄原來這種形式主義的作戰方式是有困難的。譬如以前士兵站在兵車上面，誰也不知道他武功怎麼樣，反正混在士兵中間，說不定裡面就有一批南郭先生，而現在要他們從車上下來，換上盔甲，上馬去作戰，說不定就出洋相了。所以反對胡服騎射的勢力非常之大。正因為這樣，趙武靈王花了很多的精力。他首先跟他的國師關起門來，謀畫了五天。當然肯定不是論證該不該，而是商量怎麼辦。另外，他還編了一些故事，也許不是他編的，但至少是他利用、完善的。編的什麼故事呢？趙簡子——就是趙武靈王的祖先，也可以說是趙國的創始人，曾經大病一場，病好了以後，對群臣說做了一個夢，夢到了上天，聽到了鈞天廣樂，最美妙的音樂、最華麗的舞蹈，都欣賞到了，然後天帝讓他射一頭熊，再射一頭羆，熊、羆都被他射死後，天帝又賜給他一條狗，這條狗是北方少數民族狄人的地方產的一條狄犬，另外，天帝還給他兩個竹製的盒子。趙簡子夢中的這些景象都得到了很好的解釋，滅熊、羆，意味著他註定要占領少數民族的地方，兩個盒子象徵著他的對手，狄犬象徵著他的後代子孫。這個夢為什麼在趙國得以流傳呢？實際上就是趙武靈王要為自己的改革找到一些根據，但是僅僅這樣還不夠，他跟大臣商量了以後，認為最重要的障礙是他的叔父——公子成。那個時候宗族還是有很大的影響力，不像後來中央集權制建立以後，皇帝的權威至高無上。加上公子成是趙武靈王的叔父，叔父要反對的話，這個事情就很難辦，因為在他叔父的背後還有一大批支持他的大臣，所以趙武靈王認為公子成是關鍵。趙武靈王派了一位使者去向公子成轉達自己的意思，他說現在要準備舉行一次朝會，這是一次正式的儀式，在這個儀式上要求所有大臣都穿胡服，他希望叔父能夠體會他改革的苦心，帶頭穿上胡服，起到一種帶動和推廣的作用，其他人看到就必然都會跟上來了。但是，儘管趙武靈王派去的使者轉達了他的意思，講了他的一片苦心，公子成還是反對，推託說正在生病，所以不能親自跟大王表達自己的意見，但是公子成表示：「中國（指中原地區）這個地方，都是聰明睿智的人住的，各種財富和用品都聚集在此，聖賢進行過教化，仁義得到施行，詩書禮樂得到運用，有異常本領的人都可一顯身手。遠方那些沒有開化的人，他們則是來觀摩學習的，我們是蠻夷學習的榜樣。現在大王偏偏要成、捨去中國人的服裝，去採用遠方那些胡服，不遵守自古以來的規矩，改變了我們的傳統，這樣是違背人心的，賢士大夫的意見大王也不聽，這不是脫離中國的實際嗎？所以我希望大王再慎重考慮。」

在這種情況下，趙武靈王說：「既然叔叔要見我，又有病，那麼我就親自向他說明。」所以他親自到公子成的家裡非常懇切地又說了一番道理。他說：「禮節和服裝可以不同，都是為了方便，時代不同了，辦法也可以改變，形勢變了禮儀為什麼不能改呢？聖人主要是對國家負責，所以從來沒有絕對的法度，法度不是一成不變的，只要便於實行就可以。一個國家可以採用不同的禮儀，儒家的宗旨在這一點上是一致的，做法則可以不同。」他再三說明這個道理，說這樣改變是為了國家的利益，是為了使趙國強盛。他又分析了當時的形勢，說：「我們國家東面跟齊國、中山國隔著一條黃河，這條河就成了一條界河，沒有辦法利用它來航行，反而成為國防的前線。我們國家要尋求發展，只有向另一邊即北面和西面發展。而這一面，又是胡人和燕國，如果在軍事上不能夠勝過這些國家，那麼我們趙國就陷入絕境了。東面受到河水的影響而無法發展，西面和北面要發展靠什麼？只有實行『胡服騎射』才能夠對付這些勢力。」

聽了這番話後，公子成總算表態了。他說：「我太愚蠢了，沒有理解大王這個道理。既然這麼說，我就帶頭穿胡服上朝。」本來以為叔父都贊成了，應該沒有問題了，結果趙家的趙文、趙俊以及一個叫周紹的大臣仍然極力反對，認為還是原來的服裝好，要求撤銷這個命令，所以趙武靈王再次發佈文告，詳細闡述自己的理由。文告裡明白地告訴大家，照搬書本知識去駕車的人不會懂得馬的性情，只會用過去的道理來處理現實問題的人，不能理解現實的變化，固執於傳統的人不足以建立蓋世之功，因為效仿古代不足以解決現實的問題。趙武靈王痛痛快快把話都講清楚了，所以沒有再理會一些大臣的反對，直接實行「胡服騎射」。與此同時，隨著實力的加強，他親自率領軍隊進攻中山國，占領了中山國一些重要地方。這樣他又進一步向西北擴展，把領土推到了今天的河套地區。而後他又親自帶軍隊攻下了中山國剩餘的地方，最後中山國不得不求和。到了西元前二九六年，中山國徹底被消滅，中山國國君被趙武靈王遷到了今天的陝西北部，趙國的實力達到了極盛。很明顯，這是趙武靈王推廣「胡服騎射」的結果。

今天可能很難理解，為什麼這麼一點事在當時的趙國會引起軒然大波。但是儘管趙武靈王推廣「胡服騎射」成功了，並不等於這場改革就已經真正勝利了，就在趙國的實力以及趙武靈王的威信達到頂峰的時候，趙武靈王又做出了驚人的舉措。

是什麼舉措呢？原來，趙武靈王在個人生活方面也是很率性的。

有一次在遊玩的時候，他看見一位美女，就動了心。這位美女的父親吳廣趕忙把女兒獻給他，後來趙武靈王賜名她為「吳娃」，她的父親還說她是聖人的後代，所以名字叫做孟姚。趙武靈王對孟姚十分寵愛，甚至一度影響了他處理公務。孟姚給他生了個兒子，本來他的長子已經立為太子了，因為寵愛孟姚，又喜歡這個小兒子，就把原來的太子廢了，立孟姚的兒子為太子。趙武靈王的另一個驚人舉措，是在他年盛力強的時候，宣佈把王位傳給這個當時只有十歲的小兒子，而他自己稱為主父。當然這並不是說他放棄了自己的權力，他照樣帶領軍隊，出征時就把國內的事情交給小兒子。比如他滅中山國時，就是在已經把王位傳給兒子之後。

趙武靈王還進一步希望將來有朝一日能夠去進攻秦國，所以決定到現在的包頭一帶去察看形勢。而到了包頭這一帶，就意味著繞到了秦國的後面。那怎麼去呢？趙武靈王就冒充趙國的使者出使，秦王開始沒有注意，後來覺得這個使者氣宇軒昂，與一般人不同，發現有問題，趕快叫人去追，但是這個使者已經飛快離開秦國出關了。這個時候秦王才知道，原來這個所謂趙國的使者就是趙國的主父——趙武靈王本人。

趙武靈王本來希望擺脫日常的事務，專心一致為趙國開疆拓土，專心一致跟秦國對抗，可是殊不知日後竟禍起蕭牆。他為什麼要把國君的位子傳給一個十歲的小孩呢？難道僅僅是為了寵愛的那位美女嗎？其實還有背景，即他片面地吸取了歷史經驗。他的祖先趙簡子也有過類似事件。趙簡子在自己晚年的時候，發現他的大兒子比不上小兒子，這個小兒子是狄婢（也就是一個狄人婢女）生的孩子。雖然這個小兒子並非嫡子，母親地位也很低賤，趙簡子還是決定立他為太子，但是兄弟兩人感情很好，所以大兒子另外封了地方，小兒子就是後來的趙襄子，也是一個很了不得的君主。趙襄子的夫人生了五個兒子，趙襄子卻堅持把國君的位子傳給哥哥的後代，所以後來國君的位子又回到了他哥哥的後代這裡。

趙武靈王可能是受了這個啟發，所以他希望自己的小兒子繼位，他認為小兒子比大兒子好，然後兄弟之間可以互相謙讓，小兒子將來再把君位傳回到大兒子那裡去。可惜他片面理解了這個歷史經驗，他沒有想到，自己的小兒子並不像他想像的那麼賢能，而大兒子呢，也沒有像趙襄子的哥哥那麼謙讓，所以在傳位不久就發生了事情。

當趙武靈王滅了中山國以後，舉行了一個朝會，即大規模的朝上慶祝。在朝會上，他看見他的長子向一個十幾歲的小孩就是自己的小兒子行禮，他覺得有一點於心不忍。兄弟兩人，哥哥現在是臣子，兄長反過來向一個十幾歲的孩子稱臣，所以趙武靈王又改變主意了。那麼究竟怎麼改變的，現在只能夠看到後來取得勝利的、他的小兒子——惠文王留下的記載。

據說，趙武靈王一度動心，準備乾脆讓兩個人都做王，都封他們為國君，這樣的話就免得兄弟之間不平衡了。在這種情況下，他的大兒子卻趁他跟小兒子一起在宮外的時候發動政變，意圖奪回本來應該屬於自己的政權。結果大兒子失敗，逃到了趙武靈王住的沙丘宮那裡避難。趙惠文王即小兒子的軍隊包圍了沙丘宮，並下命令說，誰不出來的話就全部滅族，所以大家紛紛跑出去，大兒子覺得無路可走就自殺了。但小兒子的部將們繼續包圍著沙丘宮，不讓趙武靈王出去，手下人全部跑光了，趙武靈王一個人被關在宮裡面，出也出不去，食物全部吃完了，只能爬到樹上掏鳥窩找吃的。幾個月以後等到能吃的東西全部吃完了，趙武靈王也餓死了。

這樣一位有作為的、矢志改革的君主，最後居然是被兒子逼迫餓死的。順便說一個偶然的巧合，也就是八十五年以後，秦始皇在巡遊途中，也是在這座沙丘宮病死的。然而不管趙武靈王的下場怎麼樣，這場改革的意義是非常深遠的，因為從趙武靈王推廣「胡服騎射」以後，騎射以及武士穿胡服很快為各國所接受，並且再也沒有改回去。所以從趙國推行「胡服騎射」、其他諸侯國也紛紛效仿以後，中國車戰的歷史就結束了。貴族們穿著上衣下裳，在車上拿著長矛，下面步兵配合，這種場景已一去不復返了。以後除了偶爾還用兵車作為武器以外，作戰主力一般都是騎兵了。將士的服裝雖然不再叫胡服，但實際上已經都推行狹袖、緊身的服裝了。所以從改革的角度講，趙武靈王取得了完全的成功。

當然有一點，趙武靈王推廣胡服，只限於將士，一般的大臣、民眾還是照樣繼承原來華夏諸族的傳統服裝。後來，儘管胡人也就是北方少數民族不斷地內遷，甚至成為中原的統治者，比如說鮮卑人就曾經統一過北方，以後有胡人血統的君主就更多了，像契丹人、女真人都曾在中原建立過政權，在他們統治的時期也曾經推廣過自己民族的服裝，但是，從秦漢傳下來的所謂「漢家衣冠」一直保持著。除了基層的百姓穿短衣及小袖緊身的衣服，或者其他在工作的時候以外，一般正規的服裝，還是寬袍大袖，基本上延續了從先秦以來儒家認為符合禮儀的服飾。特別是在正式的場合，如進行禮節儀式、節慶的時候，皇帝以及官員們都是如此。當然，皇帝有特別規定的服裝，因為根據長期居於主導地位的儒家思想，服飾是禮儀等級制度的一個重要組成部分。人們往往把「漢家衣冠」作為傳統觀念、傳統文化、傳統禮儀的一個象徵。經常會出現這樣的情況，在北方少數民族入主中原以後，當時的民眾被迫改換衣冠或者逐漸胡化了，一旦他們重新看到來自南方的使臣，穿著「漢家衣冠」，他們會非常感動，甚至有很多人激動地流下眼淚。因為他們已經把「漢家衣冠」看作一種傳統、一種捨棄不得的傳統。

但是，「漢家衣冠」也有它的另一面。因為都是寬袍大袖，太講究禮儀等級，所以服裝嚴格講起來成了一種道具，人則成了一個衣架，穿衣不是為了自己，而是為了別人，是為了滿足禮儀制度上的需要。這樣有什麼缺點呢？就是把人體本身的形體美掩蓋住了。中國的傳統或者說儒家的傳統，身體能不露的地方儘量不露出來，尤其是婦女，不要說其他敏感部位，就是手臂也要遮起來，所以都要求寬大的服裝。這樣，人本身的形體美就不大容易顯現出來。可是人的欣賞需求，特別是上層的人物如皇帝、大臣等，對異性形體美的追求還是有的。所以實際上在宮廷內部，經常會不顧禮儀。一旦那種緊身的胡人服飾傳到中原，往往為上層貴族們所喜愛。在歷史上，比如東漢末年、南北朝的時候，還有唐朝，經常會流行胡人的服飾。而那些正直的大臣、傳統的學者，則把它看為一個凶兆。如果事後這個國家真的亡了，他們就會說，你看，胡服的流傳是一個亡國之徵。如果哪個皇帝喜歡欣賞他的宮女、妃子穿胡服，就會被認為是個亡國之君。所以對於這個問題，傳統學者們看得非常嚴重。但是到了清朝，這個傳統被迫中斷了。

在清朝以前，儘管有些少數民族入主中原以後也推廣過他們的服飾，但從來也沒有那麼徹底，而且時間也不是很長，往往等到少數民族政權覆滅後，又重新恢復原來傳統的服裝。清軍入關以後，一方面採取的措施非常嚴厲，另一方面清朝延續的時間也相當長。入主中原以後不久清政府就下了剃髮令，要求男子把周圍頭髮都剃掉，中間留下來，紮成一個辮子。服裝也全部要改成滿族的服裝。當時有赤裸裸的一句話：「留頭不留髮，留髮不留頭。」據記載，官府下令剃髮，都是一個剃頭的擔子，旁邊掛著割下來的人頭，一旦有人不願剃髮就把他的人頭割下來掛上去，非常嚴酷。本來有些地方已經接受了清政府的統治，比如江南，為了這件事又重新起兵反抗，當然結果都是被清政府所鎮壓，但是民間的反抗還在延續。很多人死了以後，穿的壽衣還是明朝服飾的式樣，這是當時的一種說法，生不能做大明的人，死了要做大明的鬼。還有就是有些人畫祖宗遺像的時候，都給祖先畫上穿傳統服裝的模樣，用這種方式來抵制、抗拒。清政府後來也注意在思想觀念等各個方面調整政策，把自己說成是儒家文化、傳統文化的繼承者，並且把自己說成是黃帝的後代，只不過是遷到了北方，現在又回來了。通過這些方法，清政府緩和了與漢族士大夫的矛盾，但是說到服裝就再也沒有改變。

一直到了辛亥革命以前，就是晚清的時候，受西方的影響，一些革命者剪掉了辮子，甚至穿上了西服、留了新式的髮型。而這個時候，一些遺老遺少還在抵制，繼續保持清朝的長袍馬褂、留著辮子。甚至有人專門寫文章來辯論，說你們現在罵這個辮子是豬尾巴，但要真是豬的話，剪掉了辮子不還是豬嗎？以此來為清朝的服飾辯護。可見，服裝一旦成為觀念的一部分，就有很強的生命力。

與此形成對比的是朝鮮半島。朝鮮半島長期受漢文化、中原文化的影響，中國的禮儀制度大部分在朝鮮半島得到了延續。滿族人進關以前就跟朝鮮發生過衝突，之後征服了朝鮮，朝鮮不得不接受清朝統治，成為清朝的屬國，但是實際上朝鮮的君臣念念不忘當初明神宗也就是萬曆皇帝派軍隊去幫他們復國的再造之恩，所以他們除了密謀要幫助明朝復國的計畫以外，堅持不肯改換明朝給他們定下的服飾。經過幾次衝突，最後清政府沒有辦法只好放棄，容許他們繼續穿原來的服裝，戴原來的帽子，保留原來不剃髮、不紮辮子的傳統。從這個程度上講，朝鮮半島上那些長期受中國傳統文化影響的人對保持自己的傳統還是很堅定的，所以在漢城奧運會時可以看到開幕式上專門的儀仗，包括那些表演的人，穿的全部是傳統服裝。要說中國傳統的服裝在哪裡保留比較多，倒還是在那裡。

那麼中國呢，反而出現一個尷尬的局面。現在有人提出恢復傳統的服裝，那麼到底恢復什麼呢？一方面我們應該很通達，比如說現在婦女穿的旗袍，就是清朝旗人婦女穿的袍子，當然以後有過改良，但是基本形式還是在的。大家想想看，要是明朝人看到這種服裝，他接受得了嗎？那是異族的服裝，根本接受不了的。但是因為經過清朝的統治，經過包括漢族在內的各個民族之間的融合，大家能夠接受。而後，清代的長袍馬褂也終於為西式服裝所替代了。孫中山穿的中山裝也好，毛澤東穿的人民裝也好，或者列寧裝、學生裝，其實都是外來的，都是西式的，不過稍微做了變化而已。

現在講傳統，是不是只有長袍馬褂的傳統呢？如果往前追溯的話，要追溯到什麼時候呢？是明朝還是漢朝？傳統文化能不能改變呢？今天的西式服裝能不能成為中國人服裝的一部分呢？我想這些問題不需要我來回答，我們在實際生活中早已用自己的行動在回答了。這個過程，雖然不會像趙武靈王推廣「胡服騎射」那麼複雜，但也會有矛盾、衝突。

這裡講一件小事，我曾經做中學教師，那十幾年正是「文化大革命」前跟「文化大革命」中間。當時我管理學校的時候做一件事，就是經常去看有哪個學生穿小褲腳管的褲子。當時上海人都知道，以前所謂流氓阿飛的特點就是奶油包頭、小褲腳管，頭上抹了油，頭髮梳得光光的，然後褲腳管很小。年紀大的人可能還記得，「文化大革命」中的「破四舊」，在南京路上剪別人的褲腳管，甚至把姑娘的褲腳管都當場剪開，高跟鞋、半高跟鞋也不許穿，掛在脖子上光著腳回家。我這個教師經常做這事。後來發現同學開始穿上面窄下面比較寬的所謂喇叭褲，那不得了，喇叭褲是資產階級的東西，再後來牛仔褲也引進來了，當時說牛仔褲是西方資本主義腐朽沒落的象徵，也不許穿。改革開放以後，我到了美國才知道，牛仔褲其實勞動人民穿得更多。

所以回顧歷史，直到今天，我們始終面臨著這麼一個問題，那就是對服裝、髮飾等各個方面到底該怎麼樣來使它們適合我們這個國家、民族的實際，又將以怎麼樣的一種心態來對待我們所不熟悉的這些事物。也許從趙武靈王「胡服騎射」的改革中，能得到一些啟示、增加一點知識。

輪臺罪己

乃者貳師敗，軍士死略離散，悲痛常在朕心。今請遠田輪臺，欲起亭隧，是擾勞天下，非所以優民也。今朕不忍聞。大鴻臚等又議，欲募囚徒送匈奴使者，明封侯之賞以報忿，五伯所弗能為也。且匈奴得漢降者，常提掖搜索，問以所聞。今邊塞未正，闌出不禁，障候長吏使卒獵獸，以皮肉為利，卒苦而烽火乏，失亦上集不得，後降者來，若捕生口虜，乃知之。當今務在禁苛暴，止擅賦，力本農，修馬復令，以補缺，毋乏武備而已。郡國二千石各上進畜馬方略補邊狀，與計對。——

《漢書》

輪臺罪己

在中國古代的帝王中，統一王朝的帝王影響很大，但他們的壽命都不長，沒有幾個人能夠活過七十歲。在僅有的幾個人中，漢武帝算一個。但就在位的時間之長來說，漢武帝在位五十四年，在康熙皇帝以前沒有人可以跟他比。明太祖比漢武帝多活一歲，但是在位時間比他短。

漢武帝開疆拓土、建功立業，在歷史上是屈指可數的。比如說，秦始皇的時候，疆界東面只到遼東，只有朝鮮半島靠西北的一個角；到了漢武帝的時候，疆界則擴展到了朝鮮半島的中部。南邊，秦始皇的時候剛剛把疆界推到越南的東北角；漢武帝的時候，一直達到了今天越南的中部。西邊，秦始皇修長城時，西面到今天甘肅的岷縣；漢武帝的時候，已經擴展到了玉門關，也就是今天甘肅跟新疆交界的地方了。而且到漢武帝曾孫的時候，終於把整個西域，就是巴爾喀什湖、帕米爾高原以東，中亞和新疆這些地方都納入了漢朝的版圖，並且修通了連接中原各地的道路，真正有效地統治了這麼大一塊疆域。這個功績恐怕很少有人能跟漢武帝相比，中國疆域的基礎也是在漢朝時候奠定的。

但就是這樣一個皇帝，晚年並不如意，甚至可以說是非常痛苦的。為什麼？首先，西漢初年長期積累起的國庫開始空虛了。西漢剛建立的時候，國家很窮，皇帝要找幾匹毛色差不多的馬都找不出來，倉庫裡空空如也。經過七十年積累，到漢武帝初年的時候，倉庫裡的陳米沒有用完，新米又進來，陳陳相因，到後來都腐爛沒有辦法吃了；國庫裡的銅錢，原來為了便於計算，都是拿繩子一串串地串好，但因為放置時間久了，繩子斷了、腐了，所以以後都沒有辦法統計，可見錢已經多到何種程度了。但是漢武帝開疆拓土，加上他自己揮霍浪費，把國庫裡的錢漸漸都用完了。

大家知道，無論做什麼事，財政的實力是很重要的。而漢武帝所做的這些事，要投入的人力物力非常大，有的是超出我們的想像。比如說運輸，秦始皇的時候已經有人計算過，把在今天山東半島這一帶產的糧食，運到今天內蒙古就是造長城的那一帶，運出和運到的比例是多少呢，差不多要二〇〇比一，具體數字是一九二。假如一百九十二石糧食，從山東半島運出，最後能夠運到今天內蒙古這一帶的，只有一石。其他都是消耗在路上的，運糧的人要吃，路上要損耗。可以想想看，漢武帝的時候，戰場最遠已經移到了今天的哈薩克，這個運輸量更大，路程更遠，當然消耗也更多。另外，漢武帝還有很多大的舉措，比如他曾經把關東就是函谷關以東，今天河南東部、江蘇、安徽、山東這一帶的七十二萬人，遷移到了河西走廊及河套地區。這些移民過去的時候，在路上要有開銷，到了那裡安頓下來以後，要住房，要種子，要維持生計，這些都是靠政府供養的。對比今天的大陸三峽移民，這種規模在現今來說也是個很大的工程，那當初要把七十二萬人從這麼遠的距離移民過去，並且要保證他們都能夠定居，政府的開支非常大。我給他們算一算，每一年大概就要一千二百九十六萬石糧食。當時漢朝正常的運輸能力是多少呢？首都地區也就是關中地區，每年最高只能運過去六百萬斛（石）。所以因為這樣，國庫漸漸空了。

此外，漢武帝還很重視水利。一部分水利工程確實是發揮了很大作用的，比如關中的鄭國渠。鄭國渠在戰國的時候就已經建造了，漢武帝時對鄭國渠又進行了改造，所以發揮了很大的作用，保證了關中民眾能夠自己生產一部分糧食。另外其他地方也開了一些水渠，引水灌溉，有的地方造了水塘用以蓄水，影響也是非常大。但是漢武帝好大喜功，他一號召，全國各地就都大興水利。大興的結果，誠然有一部分水利工程是發揮效益的，但其餘大量的工程是沒有什麼效益的，只是地方官員為了向上面報告罷了。有的地方官因此而升了官，但是作為他政績的水利工程很快就報廢了。

在這種風氣下，很多人就提出更加宏偉的規劃。齊人延年上書漢武帝，說：「我有一個高招，黃河地勢很高，順流而下，中原地區經常鬧水災，我們現在想辦法從黃河上游打開條管道，把它引到匈奴地區，這樣中原地區就不再有水災了，而匈奴呢，一下子被水淹了，也就沒有辦法再跟我們對抗了。」漢武帝一看，這個規劃了不得。但是他也知道這個工程太大，所以他說，這黃河是聖人定下來的，不能隨便改。最後總算沒有動工，要動的話，後果還不曉得怎麼樣。如此大興水利浪費了很多物資，但是也有一件好事。之前黃河經常決口，一直沒有堵住。西元前一〇九年，漢武帝親自帶領文武百官到今天河南濮陽一帶，由他監督，連相當今天部長級官員的大臣都統統下水去堵口。原來準備好的器材用完了，決口仍沒有堵住，他就下令砍伐今天河南淇縣這一帶的竹子，最後總算把黃河決口堵住了。所以漢武帝大興水利工程有一部分是發揮效益的，但是規模搞得太大，特別到後來，作為一個運動在全國推廣以後，造成了很大損失。

漢武帝以為國庫充盈，還經常大規模地賞賜。有的當然是因為大臣立了功，比如衛青、霍去病。但是也有相當一部分錢，是給那些騙子騙走了。因為漢武帝喜歡求仙，求長生不老藥，所以在這方面花了很多錢。另外，為了表示漢朝的強大，接待外國的使者特別慷慨，有的外國使者實際上就是周邊少數民族的首領，他們來了以後，漢武帝總是要舉行盛大的宴會、隆重的儀式，另外還給他們很多賞賜。

再者，漢武帝到處造宮殿，除了自己享樂的目的以外，還有的是上了騙子的當。有騙子騙他說：「要到處造宮殿，仙人就隨時可以跟你交流，因為仙人要住宮殿的。」關中有的地方一個宮殿連著一個宮殿，裡面有很多豪華的設施。譬如有人跟他講，露水是仙人的恩賜，要把露水接下來，於是漢武帝就造了一個承露盤。這個盤很高、很大，騙子還說喝了這個露水就可以延年益壽。

漢武帝還不斷為自己修陵墓。這個當然不能全怪他，因為漢朝當時有一個制度，就是皇帝自己有一個少府，財政收入的一部分是撥給少府的，這個少府實際上就是皇家的財政部，它拿到的錢，有三分之一是規定用於修陵墓的。有的皇帝年紀輕輕就死了，修幾年陵墓也花不了太多錢。可是漢武帝做了五十四年皇帝，這期間每年都要把少府財政的三分之一用來修陵墓，所以修到後來墓裡已經塞得滿滿的，只好在外面再建一些建築，於是又花了大量的錢。他之所以這樣做，是因為當時的觀念視死如生，生命在死後延續，所以他真正的目的，還是希望自己能成仙能夠延年益壽，長生不老不死。知道他有這個喜好後，各種騙子紛紛出籠。那些騙子一方面要讓他相信，他是受命於天，是老天爺讓他掌權的，所以可以一直掌下去。另一方面，又騙他說只要碰到仙人，仙人給他長生不老的藥，就可以長生不老升天。

首先欺騙漢武帝的騙子是李少君，他自稱自己七十多歲了，樣子看著卻不顯老。李少君也不幹什麼事，還經常送別人一點錢財、一些衣服，大家看他不事生產卻很富裕，就都相信他是個了不得的人。有一次在宴會上，他看見一個九十多歲的老人，就說認識他，還說曾經跟他祖父在某地見面，那老頭說是，祖父的確帶他去過那裡。大家一聽不得了，李少君大概不止七十多歲，起碼活了幾百歲。漢武帝也覺得這個人了不得，就召見他。李少君說：「皇上，旁邊那個鼎，好像是齊桓公十年（西元前六七六年）鑄的。」漢武帝叫人一看，果然鼎上面有銘文，真是齊桓公時候的東西，更覺得此人不得了，因此非常相信他。李少君就跟漢武帝繼續吹，說能夠看到仙人安期生，給他吃的棗子像瓜這麼大。漢武帝就問：「我什麼時候能夠見到仙人？」李少君回答：「這不是輕易能見到的，仙人是隱居的，高興就出來，不高興你永遠都見不到。」漢武帝一直很敬重他。後來李少君死了，仙人怎麼也會死呢？不過漢武帝還是認為他是仙人，說他不是死了，是屍解，屍體留在這裡，其實已經升天了。這是第一個騙子。這個騙子還好，騙得還不是很多。其他的騙子看到漢武帝這麼相信這一套，於是紛至沓來。

第二個出現的騙子，正好利用了當時的特殊情況。漢武帝很寵愛的李夫人死了，漢武帝日夜想念。騙子少翁就說：「我有辦法把李夫人召回來，但你要聽我的話。」漢武帝答應了。少翁讓漢武帝躲在帳子後面叫他不要出來，然後在遠遠的地方又放了一個帳子，幽暗的燈光下，漢武帝突然發現裡面有一個人非常像李夫人，但是少翁說只能在這裡看而不能過去。少翁告訴漢武帝，這是自己用法術把李夫人召回來了。漢武帝當然對少翁非常信任，封他為文成將軍，給了大量的賞賜，把他當貴客一樣對待。少翁就繼續吹，說：「如果你真的想跟神仙來往，宮殿裡面的擺設都要和神仙住的地方一樣，這樣神仙才會過來。」漢武帝就大規模重新裝修佈置，連他坐的車都畫上一朵朵的祥雲，表示他的車像在雲裡行駛一樣，這樣仙人就認為是自己的地方了。這樣過了一段時間，仙人還是不來，少翁沒有辦法，又想出了一個主意，他跟漢武帝說，那裡有一頭牛，牛肚子裡肯定有其他東西。漢武帝不相信，把牛殺掉，裡面果然有一張紙，上面寫著一些誰都看不懂的字。這次漢武帝比較細心，一分辨這個字分明是少翁自己寫的，漢武帝知道這個傢伙在騙他，就審問他。少翁承認是自己事先寫好，跟飼料一起給牛吃到肚裡，然後來騙漢武帝的。漢武帝就把少翁殺了，但是又不敢公開，因為公開了會讓自己丟臉。這個事也就過去了。

後來新的騙子又來了。有一年漢武帝生病，病得很厲害，從上郡就是今天陝西省北部一帶來了一個巫師，這個巫師說有辦法讓鬼神來把漢武帝的病趕走。漢武帝就邀請巫師來了，大概也巧，病真的好了，漢武帝就對他更加相信了。既然漢武帝這麼相信這些人，又來了一個騙子，這個人叫欒大，來自山東地區，個子長得高大。古人一般比較喜歡個子高大的人，個子大受人重視，再加上欒大皮膚白皙很漂亮，漢武帝一看就很高興，認為這是一個異人。欒大說：「我經常在海上和安期生還有其他仙人們見面。如果把仙人請來了，要煉黃金也煉得成，黃河決口也堵得住，長生不老藥也拿得到，但是我也很害怕，萬一什麼時候你不相信了把我殺了，那我不就完了嗎？」漢武帝忙說：「不會不會，之前那個文成將軍不是我殺的，是他自己飲食不當心，吃了不新鮮的馬肝死的，我怎麼會殺你呢，你放心。」漢武帝還封欒大為五利將軍。五利，利益的利，意思是他什麼事都幹得好。為了表示對欒大的重視，漢武帝授予他官印的時候讓他站在白茅草上接受，表示不是一般的臣子，地位很高。但是之後神仙一直沒有光臨，於是欒大藉口去海上找，就逃走了。

正在這個時候，有人報告，山西汾水邊上叫汾陰的地方，在一個后土堆裡發現了一個鼎。更奇特的是，在把這個鼎從山西運到甘泉宮的路上，突然出現一片雲霧，然後就有一隻鹿跑過來。漢武帝親自射死了這隻鹿，正好作為祭品。這些都是吉利的徵兆。騙子們就紛紛跟漢武帝講，要舉行隆重的儀式。其中有一個齊人公孫卿就說：「黃帝也曾鑄造了一個鼎，三百八十年以後就升天成仙人了。現在你又得到了這個鼎，所以要封禪。黃帝去泰山封禪，所以你也應該去封泰山。」漢武帝聽了非常激動：「要真能像黃帝那樣的話，讓我把老婆孩子當破鞋扔掉，我都願意。」實際上他是扔不掉的，因為光後宮就好幾千人，但他當時認為，只要自己能夠成仙，什麼都願意幹。他把公孫卿封為郎，讓他到那裡等候神仙。

再說那個五利將軍，到泰山轉了一圈，說到海上去了，沒有碰到神仙。誰知漢武帝倒也是有心，偷偷派人跟著去，知道他根本沒有到海上去，發現自己又被騙後，漢武帝就把他殺了。照理騙子這麼一個個殺，應該沒有了，但是實際上騙子們前仆後繼。如剛才所說，公孫卿又來了，他告訴漢武帝在附近一個緱氏城的城牆上看到一些仙人的腳印，而且還有像野雞一樣的東西在上面來來往往。漢武帝不相信，說要自己去看，讓公孫卿不要學文成將軍他們，都沒有好下場。公孫卿很厲害，他說：「皇上是你要求仙，不是仙人求你，你不相信，仙人怎麼來呢？」漢武帝想也有道理，所以又一次上當了。他一次次上當，一次次拿出大量黃金賞給那些騙子，又一次次把騙子殺掉，然後接著再一次次相信新的騙子。他不能夠解脫的一個情結是他真的希望能夠長生不老，能夠永遠統治這個世界，這是他一次次上當、一直到死都沒有醒悟的根本原因。

漢武帝到各地巡視，一方面視察自己的國家，另一方面也是為了求仙，所以漢武帝巡遊的次數創造了空前的紀錄。從西元前一二二年就是元狩元年開始，他到全國各地二十九次，最長的一次在外面巡遊了五個月。全國一半以上的郡國他都到過，北面到過河套、內蒙古一帶，西面到過今天的甘肅，東面到大海，南面一直到湖南省的南部。據記載，在當時的交通條件下，皇帝巡遊，如果在河上的話則一大片帆船，陸上的話則千乘萬騎跟著他。這一方面當然說明漢武帝體格健壯、精力旺盛，但另一方面消耗的錢財是相當厲害的，動用的人力、物力也是很驚人的。

漢武帝還實行很嚴酷的刑法，這也創造了空前的紀錄。他要求下面的大臣都要嚴格執法，而且不斷想出新的法律條文，無論什麼事他都有法整治。比如說如果事情沒有查清楚，就說是故意放縱。如果下級犯了罪，負有監察責任的上級也要連帶承擔行政責任。如果用刑太嚴酷出了事，就說是蓄意用重刑，故意將無罪判重罪也是罪，都可以處分。他甚至想出一個新的罪名——腹誹，即肚子裡說壞話。現在有技術可以檢驗一個人是不是說謊，但是還沒有辦法鑑定他到底在想什麼。漢武帝定了這個罪名，而且有一次大農令就是因為這個罪名被殺死的。大農令相當於今天的農業部長，漢武帝給一個部長安的罪名竟然是肚子裡說壞話，而且因為這個罪名把他殺了，所以在這種情況下，一批酷吏得到重用。

有很多事情是很驚人的。比如說當時經常關在監牢裡，接受審查或者準備判刑的、二千石級別以上的官員就有一百多人。二千石級別相當於今天的副部長級，因為當時各地郡太守就是二千石。各地上報的案子，每年都有一千多件，大的案子涉及幾百人甚至上萬人。中央政府的監牢裡面，一般都關著六到七萬人，全國經常關的犯人有十多萬。當時漢武帝任命的廷尉杜周是一個酷吏，有人跟杜周說，辦案一定要遵守「三尺法」。什麼叫「三尺法」？就是當時的法律條文都是寫在三尺長的竹簡上，故而得名。杜周怎麼回答？他說：「什麼叫三尺法你懂不懂，以前皇帝說的話就是法，今天的皇帝說的話就是律，法律就是這麼回事，什麼三尺不三尺，皇上的話就是法律。」所以法律不停地增加條文，需要辦什麼案，就有一個相應的法令出來。

當時的酷吏也紛紛利用法律條文進行大規模殺戮。比如說當時規定，地方政府殺人要得到中央政府批准，這當然是為了控制下面不隨便殺人。但是，審批的手續又很簡單。當時規定，殺人只能是在冬天執行，一般到春天就不能殺人了。有一個管轄地在今天河南北部的酷吏，為了集中精力、抓緊時間把人殺掉，就沿途放五十匹快馬，讓五十人等著，死刑案子一定，立刻就讓人騎著快馬送出，然後一站接一站，不用兩天時間，批文就回來了，馬上就殺，終於趕在冬天過去以前把要殺的基本都殺盡了。這個酷吏還不滿足，說再給他幾天，還可以多殺幾個。可見當時已經變成怎樣一個社會了。

這些被殺的人裡當然的確有貪官污吏、有地方不法豪強，但大量的是無辜的平民以及無辜的官員或者還夠不上死罪的官員。在刑法的執行上，有一個很明顯的例子就是司馬遷。司馬遷不過是為李陵說了幾句話，照例他這個事不算什麼，充其量只是一個不當言論的罪行。但是據他自己的描述，他被關在監牢的時候，手腳都被綁住，身上戴著刑具，衣服被剝光，然後被竹板、木棒拷打。後來的結果大家都知道，他自願接受腐刑才保住性命。當時這樣的事情很多，凡是定下來可以判死刑的罪名越來越多，各種案例寫下來，比照可以判死刑的案例，已經多達一萬多種。漢武帝殺的人，不僅有一般的官員，還有當時職位最高的文官——丞相。漢武帝在三十一年裡任用了六位丞相，其中五位都不得善終，不是被殺就是自殺。只有一個人是保全的，就是所謂的「萬石君」。為什麼如此稱呼呢？原來石家有五個人都做到二千石的官，也就是出了五個部長，二千乘五即一萬，所以作為父親他被稱為「萬石君」。他謹慎到什麼程度？有一次漢武帝問他，現在拉車的是幾匹馬，他數了一下，然後一本正經地告訴皇上他數過了是六匹馬。照理六匹馬他是知道的，但是怕出錯還是數一遍才回答。這樣小心謹慎的一個官，有一次也差點自殺，最後總算還是保全了性命。照理說被任命為丞相應該是高興的事，但是漢武帝時候出現什麼情況呢？誰被任命了丞相馬上擔心自己不得善終。

有一位叫公孫賀的人，曾經是漢武帝當太子時的部下，照理跟漢武帝很熟悉，而且後來還娶了漢武帝老婆衛皇后的姐姐，因此跟漢武帝應該是連襟。因為是親人，又是自己老部下，漢武帝要封他為丞相，他嚇得跪在地上，不停磕頭，痛哭流涕，無論如何也不肯接受。漢武帝看了也覺得很可憐，甚至流下眼淚，但還是任命他為丞相。沒過多久，公孫賀的兒子犯了罪，被關在監牢裡，之後又牽連到他，最後的結果是公孫賀全家滅族，統統被殺光。受到牽連的都是名人，漢武帝的兩個女兒即兩位公主，還有衛青（就是那位為漢朝立下大功的將軍，既是漢武帝的姐夫，也是衛皇后的弟弟）的兒子、衛皇后的外甥衛伉也被殺。更慘的是接替公孫賀職位的人，名叫劉屈氂。劉屈氂是漢武帝的侄子，即漢武帝同父異母哥哥的兒子，是宗室成員。本來漢朝初年的時候有左丞相和右丞相之分，後來就沒有了。漢武帝專門明確地封他為左丞相，把地位更高的右丞相空著，說等到天下有賢人來做右丞相，意思就是說，我不袒護自己的親戚，我自己親戚暫時只做左丞相。實際上劉屈氂就是丞相，什麼都管。劉屈氂是怎麼得罪漢武帝的呢？事情是這樣的：漢武帝相信了謠言，懷疑自己的兒子圖謀不軌，父子之間起了衝突，劉屈氂當然要執行漢武帝的指示平息這個動亂，但是因為不夠及時，得罪了漢武帝，漢武帝就找藉口把他殺了，而且親自下令把劉屈氂押到市場上腰斬，他老婆也被斬首示眾。其實這中間很多事情是講不清楚的，所以在如此情況下，大臣們人人自危。

正因為出現這麼多矛盾，社會動亂也增加了。漢武帝又下令編了一個新的法令叫沉命法，即如果盜賊興起而地方官沒有發覺或者發覺了沒有全部抓獲，那麼從郡太守到最低等級的官員統統殺光。這麼一來，地方上也有對策，乾脆就不上報，免得被認為管不了、鎮壓不了。因為不上報，所以全國脫離戶口在外面流竄的人越來越多，加上因為種種原因而死亡、逃離的，三千多萬人到最後戶籍上登記的居然減少了一半。

不要以為漢武帝處於這麼高的地位，有這麼厲害的手段，他個人會很幸福，其實他個人的生活是很不幸的。他一開始娶了一位陳皇后，這個陳皇后是漢初功臣的後代，又是他姑媽的女兒，跟他是姑表親。漢武帝能夠被立為太子，這位姑媽是出了大力的，照理說，他們結婚既是門當戶對，又是互相攀附，沒有什麼問題。但是陳皇后婚後十多年沒有生孩子，這就有問題了，皇后不生孩子怎麼行？漢武帝娶了衛子夫以後，陳皇后自以為後臺硬，是皇上的表親，她母親又有功績，所以居然想要害衛子夫。漢武帝勃然大怒，所以當有人揭發陳皇后在背後用巫術作祟時，漢武帝便下令徹底追查，殺了三百多人，而且把皇后打入冷宮到長門宮去了。衛子夫本來是漢武帝姐姐平陽公主的一個歌女，漢武帝到姐姐家時看中了她，把她帶回來，但是很快就把她給忘了。一年多以後，因為宮女實在太多，漢武帝就挑選一些把她們放出去。衛子夫也在裡面，哭哭啼啼，漢武帝一看，這才想起來，又把她留了下來。結果衛子夫先後生了三個女兒，又在元朔元年（西元前一二八年）生了個兒子。這可不得了，衛子夫生了太子之後就被立為皇后，而且她的弟弟衛青、外甥霍去病都得到重用為漢朝做了大貢獻。衛青、霍去病是名將，大家知道他們打匈奴立了大功，而且衛青大將軍又娶了平陽公主，衛皇后的地位照理說應該非常穩固。但是衛皇后生了太子以後，漸漸年老色衰，漢武帝又喜歡上了另外的女人，就是來自趙國的王夫人和來自中山國的李夫人，誰知道這兩位夫人壽命不長，不久就死了。最後，漢武帝在巡遊的時候，又見到一個姓趙的年輕姑娘，於是就把她帶回去了。在漢武帝六十二歲的時候，這個女子居然給漢武帝生了一個兒子，就是後來的漢昭帝，據說她懷孕長達十四個月才生下這個兒子。

漢武帝雖然貴為皇帝，但家庭生活其實並不美滿，生下的兒子都不成器。對他打擊最大的是他跟太子之間的衝突，事情是怎麼引起的呢？這主要源於他寵愛的臣子江充。江充原來做過趙王的門客，後來得罪了趙王的兒子，為自保就先發制人到長安去告狀。漢武帝對來告狀的一般都比較重視，後來果真把趙王兒子定了罪，還封江充為直指繡衣使者，相當於今天的首都警察局長，負責督察首都地區。漢武帝一直認為，他下面的那些大臣橫行不法，需要有從基層提拔起來的人監督他們，因為這種人沒有顧慮。江充也很厲害，例如他提議將那些貴族大臣超過標準的車馬統統沒收，並讓這些違反規定的貴族大臣全去部隊報到，集中到前線打仗，否則就交罰款，這樣國庫也增加了。漢武帝認為這個辦法好，於是江充就拿那些貴族開刀了。他發現一些皇室貴族違反制度，在皇帝專用的馳道上行走。從秦始皇開始修馳道，有些馳道專門給皇帝行駛，修得平且寬，加之平時沒有交通往來，不會擁擠，有的時候那些貴戚、公主、太子等就利用馳道。果然有一次被江充發現，館陶公主也就是漢武帝姐姐的車隊在上面行駛，他就去阻攔。公主說是奉太后的命令去見太后，所以才用這個道路。江充說公主本人可以，隨行人員統統下來。漢武帝知道以後，稱讚江充做得好，對公主也不賣面子。接下來，江充又看到太子下屬的車行駛在馳道上，也扣了下來。太子就派人跟江充求情說：「江先生啊，我不是捨不得這些車馬，扣就扣，沒收就沒收，我就怕這事情讓皇上知道，惹得他老人家生氣，能不能請你高抬貴手，我下屬沒有管好，就讓我自己來管吧。」江充說不行，照樣沒收，並且報告了漢武帝。漢武帝極為讚賞，並說做臣子就要這樣，對江充更加信任了。但是等到漢武帝生病住在甘泉宮時，江充害怕了，他知道漢武帝要是死了的話皇位就由太子繼承，太子繼位以後自己的下場是可以預測的，怎麼辦？他就策畫了一個陰謀。漢武帝晚年非常迷信，一是怕死，另外老是害怕有人要暗害他。當時對一樣事情最害怕，就是說有人如果把一個小木偶或者小的布人寫上名字埋在某處，然後咒其死，據說很靈，人們稱之為巫蠱。江充就跟漢武帝說，從巫術看，宮殿裡面蠱氣很重，肯定有人在幹這事。他得到了漢武帝的指示，開始徹查。首先從漢武帝的御座開始挖，一挖，先說在皇后那裡挖到了，後又說從太子宮殿裡挖到了專門咒漢武帝的小木偶。這下太子害怕了，漢武帝當時在甘泉宮，那個時候交通不便，不知道漢武帝到底病得怎麼樣，生死未明，要是江充將這事喧嚷出去，報告給了漢武帝，這個罪名可擔當不起。太子就跟他部下商量，太子的老師說：「你現在趕快跟皇后一起，假傳皇帝的聖旨，說江充謀反，把江充那些人全殺掉，然後再去報告皇帝。」太子匆匆忙忙沒有仔細分析自己的實力，也沒有好好分析怎麼做、做什麼預案、有什麼可能性，就跟皇后一起下令把江充以及他的部下抓起來。結果，江充和他手下中一個姓韓的被抓了，太子親自監斬把江充殺了，但是江充另一個手下受傷逃到甘泉宮去報告了。太子找不到那個手下，想調動軍隊，可軍隊不聽他調動，於是他只能把長安市上的一些流民發動起來，把武庫裡面的武器發給他們，臨時湊集了幾萬人。另一邊，漢武帝得到消息非常生氣，親自到離太子比較近的建章宮督戰，而且下了命令，要把那些人全部殺光，不要怕人殺得多。這樣一場衝突在長安城裡延續了五天，太子臨時倉促湊起來的烏合之眾當然不是正規軍的對手，最後太子被迫出逃。太子逃到今天河南靈寶縣這一帶，住在一個窮人家裡，這個窮人靠賣草鞋來供養太子。太子想這也不是辦法，又想到自己有一個朋友在附近，便找人去聯繫，就這樣走漏了消息，軍隊很快包圍了這個地方。太子知道無路可逃，就上吊自殺了。一個士兵看到這情況，馬上踢門進來，把繩子放下，但是太子已經氣絕身亡。

漢武帝平息了這次事件，但是兒子死了，他很悲傷，所以他將把太子從繩子上放下來的那個士兵以及想辦法救太子的人都封了侯。大臣都知道太子是冤枉的，卻沒有人敢說。終於有一個負責管理漢高祖廟的官員，名叫田千秋，上書漢武帝，說：「兒子調動父親的軍隊，是小的過失，最多打一頓屁股嘛！太子不小心殺了人，也算不上什麼罪過。」為了加強話的分量，田千秋又說：「這話不是我想出來的，我夢見一位白鬍子老公公，他叫我來跟你說的。」漢武帝本來找不到臺階下，聽了這話就說：「你真了不得，父子之間的關係外人是講不清楚的，你居然把這個道理講清楚，這個白鬍子老公公不是一般人，就是我們家太祖高皇帝，是他讓你來告訴我的。」於是，漢武帝在太子死的地方建了一座宮殿，名為思子宮，表示自己思念太子。漢武帝還封了田千秋一個很高的官職，幾個月不到又提拔田千秋做丞相，但是始終沒有給太子平反。太子全家幾乎被殺盡，只剩下太子的一個孫子關在監牢裡。漢武帝臨死前不久，有人告訴他，長安的監牢裡有天子氣。他以為天子氣只有自己才有，監牢裡怎麼會有？於是下令把長安監牢裡的犯人全部殺光。使者半夜到了那裡，守監牢的官員堅決不開門，然後悄悄把孩子轉移，這個嬰兒總算活了下來，他是太子的孫子即漢武帝的曾孫，也就是以後的漢宣帝。

漢武帝的晚年其實是很悲哀、很空虛的，所以他對能夠接近他身邊的小孩子往往表現出一種特殊的寵愛。漢武帝手下有一個侍中叫金日磾，一直在漢武帝的身邊，金日磾的孩子非常喜歡跟漢武帝玩，經常坐在漢武帝身上或者在後面抱著他的脖子。誰敢跟皇上這麼玩？但是漢武帝特別喜歡這個孩子。有一次，金日磾看到兒子這麼沒規矩，就瞪了他一眼，那小孩嚇得哭了起來。漢武帝生氣了：「你嚇他做什麼！」這個小孩慢慢長大了，金日磾發現這孩子跟宮女說話不大規矩，怕兒子以後會出事，就把兒子殺了。漢武帝得知以後大發雷霆：「你怎麼殺掉我喜歡的孩子呢？」金日磾跪下來磕頭，說明原委，怕這個小孩子將來不受管束。漢武帝也沒有辦法，歎了一口氣，流下了眼淚。他是一位老人，也希望享受天倫之樂，但是他無比崇高威嚴的地位將他跟普通人遠遠隔離了，他的晚年其實是非常淒涼的。

西元前八九年，也就是漢武帝征和四年，這位處在權力頂峰的皇帝，突然之間向全國發佈了一道詔書，歷史上稱為「輪臺罪己」。漢武帝針對輪臺發生的事件，下了一道自我檢討的詔書。他為什麼要下這一道罪己的詔書呢？因為當時漢朝的兵力已經到達了玉門關，並且開始向西域也就是今天的新疆和中亞擴展。當漢朝聯合西域的其他一些小國在今天新疆吐魯番這一帶打敗了車師王以後，大臣們又提出一個計畫，要派軍隊到輪臺這一帶去屯田，並且招募百姓到那裡去耕種，為了達到這個目的，就要求沿途即從內地到今天新疆吐魯番以西這一帶修築道路，建造一個一個的補給站。要是以前的話，漢武帝很快就會批准，這一次卻沒有。非但沒有批准，還下了這道詔書。詔書很長，具體就不講了，但是裡面有幾段話，可以說明漢武帝當時的心態和下一步的打算。

漢武帝是這樣說的：「那一次貳師將軍戰敗了以後，戰士有的死去，有的被俘，有的流落他鄉，我心裡一直感到非常悲痛。在很遙遠的輪臺屯田，沿途還要建兵站，讓全國的百姓又背上沉重的包袱，受到騷擾，這不是愛民的措施，所以我不忍心再聽到這樣的建議。現在又有人提議，要把囚徒送到匈奴，給他們定下賞格，讓他們到了匈奴以後，為漢朝出力。這是連春秋五霸都不會採用的卑鄙手段，堂堂大漢怎麼能這樣做呢？況且匈奴人也不是傻瓜，漢朝人過去他不要搜查一下嗎？到時候事情辦不成，反而影響了我們大漢的聲譽。邊疆的一些據點管理鬆弛，沒有什麼嚴格的制度，而這些哨所的長官為了自己一飽口福讓士兵去外面打獵，士兵非常辛苦。但是正常的烽火傳遞卻經常缺少，下面報來的文書裡都看不到這些，直到有匈奴的人投降過來，通過他們才瞭解這些弊病。當務之急就是廢止對老百姓苛刻殘暴的措施，禁止擅自增加賦稅，要努力開展農業生產，切實執行養馬可以減免賦稅的政策，來彌補軍馬的缺口。要使國防力量不至於削弱，各個地方的長官應當提出增加馬匹和鞏固邊防的具體措施，並且由地方官員專門呈報朝廷。」

這樣聽來，漢武帝並沒有多少自我批評的意思，他把很多責任基本上都推給了臣下，但不管怎樣，一個皇帝要公開承認自己受了蒙蔽，自己有失誤，還是很少見的。

更為重要的是，漢武帝採取了具體的措施，這很不簡單，為他的晚年增加了一點光彩。那麼漢武帝的晚年，究竟怎麼樣呢？不妨一件一件來看。

漢武帝晚年已經看到了危機，在他頭腦比較清醒的時候，也知道自己求仙是求不成了，來日無多，此時漢武帝當然也就想到他的繼承人問題。他幾位夫人生下的兒子中，有兩個已經死了，還有兩個。一位是燕王，封在今天北京這一帶；還有一位是廣陵王，封在今天江蘇這一帶。這兩個兒子中，燕王很有野心，太子死了以後，他就想該輪到自己了。漢武帝也知道這個兒子有野心，不用他。那麼還有廣陵王，他力大無窮，身體好，有武功，但是這個人沒有頭腦，漢武帝覺得也不理想。這種情況下，他就想到了自己六十二歲時得來的兒子。到了這個小孩六、七歲的時候，漢武帝找了一個藉口，把他的媽媽也就是他晚年看中的被封為婕妤的趙氏殺了。看起來這很殘酷，為什麼要殺了她？漢武帝深謀遠慮。因為他想今後幼子做了皇帝，孩子太小，生母又很年輕，很可能造成由小皇帝的媽媽實際掌權，儘管漢武帝可以讓自己的大臣來輔佐少子，但是有這個年輕的媽媽在那兒，還是可能會對國家大權造成威脅，所以他採取了這個看起來非常殘酷的措施。應該講，這位夫人是沒有什麼罪的。此後不少皇帝都學會了這一套，到了北魏的時候，甚至有了規定，哪一個兒子被立為太子，他的生母必須自殺。在集權制度下，皇帝也認為，這種方法是防止外戚弄權、避免年幼的皇帝受到母親或外戚控制的唯一有效辦法。從倫理上講這很殘酷，但是漢武帝當時為了鞏固漢朝的統治，也許這是一個不得已的辦法。

考慮到兒子很小，總得想辦法找人輔佐，漢武帝環顧周圍，想到了一個人——霍光。在歷史書上查不出霍光有什麼功勞，但是他在漢武帝身邊已經很多年了。漢武帝對霍光非常滿意，認為這個人忠心耿耿，沒有野心，辦事周密又非常低調，完全符合漢武帝的要求。所以漢武帝就讓人畫了一幅畫，內容是周公輔佐成王的歷史場景，周武王的兒子成王繼位的時候年紀很小，周武王就把自己的幼子託付給了他的弟弟周公。這幅畫就掛在那裡。等漢武帝病重的時候，霍光來請示：「陛下百年以後怎麼辦？」漢武帝說：「你看過那幅畫嗎？你還不知道我的意思嗎？那就是立幼子，你輔佐他。」霍光當然會表示謙讓。然後，漢武帝又對另一個人，就是金日磾，說金日磾也可以輔佐幼子。金日磾是什麼人，他的來歷是什麼樣的，他怎麼到漢武帝身邊的呢？說來也有一個故事。

金日磾是匈奴人，是匈奴休屠王的兒子。匈奴被漢朝軍隊打敗以後，有一支部族要投降漢朝，但金日磾的父親不願意，被部眾殺了，而他的夫人、兒子就被作為俘虜押送到了漢朝。所以金日磾到漢朝的時候是俘虜的身份，他被派到黃門為漢武帝養馬，成了一個馬夫，但是他馬餵得很好。有一次漢武帝來視察，其他的俘虜都不敢抬起頭來，金日磾卻昂首挺胸，顯得氣宇軒昂。漢武帝一看，對這個人印象很深，就把他留在自己身邊。跟霍光一樣，金日磾也長期在漢武帝身邊，忠心耿耿為漢武帝效勞，所以儘管他是匈奴人，漢武帝仍非常信任他，並讓他作為顧命大臣來輔佐幼子。金日磾表示這樣不妥當，他說：「我是匈奴人，如果我來輔佐會讓天下人笑話，人家會說漢朝沒有人了，怎麼靠一個匈奴人來輔佐？」但是漢武帝後來還是正式下達命令，讓霍光、金日磾、桑弘羊、上官桀四人一起擔任幼子未來的輔佐大臣。漢武帝安排好後事以後，沒多久就死了。

如果把漢武帝和秦始皇進行對比的話，可以找到很多相同的地方。比如前面講過的揮霍浪費，去全國各地巡遊。另外，漢武帝也多疑，嚴刑酷法，統治很殘暴，不僅殺老百姓也殺大臣，而自己則妻離子散，這些都差不多，但是兩個人的結局又不同。秦始皇是在巡遊的路上死的，死的時候沒有人敢去問他，儘管知道他不行了。為什麼？史書上講，秦始皇諱言死，即不能在他面前提死，要是有人問他死了怎麼辦，說不定問的人自己先死了，所以大臣們不敢問，連李斯也不敢問。所以秦始皇死在路上，連後事都來不及安排。他的長子扶蘇當時帶著蒙恬和軍隊在邊疆，不在他的身邊，跟著他的是幼子胡亥，還有一個權臣趙高。實際上秦始皇死了以後，就發生了政變。胡亥和趙高偽造了秦始皇的遺詔，把長子扶蘇以及大將蒙恬殺了。秦始皇原來是打算通知扶蘇及蒙恬趕到咸陽去的，結果趙高偽造了詔書把他們殺了，又假借秦始皇的遺旨讓胡亥做了皇帝。漢武帝呢，儘管前面的表現跟秦始皇差不多，大概最後幾年頭腦還是比較清楚的。他並不諱言死，非但不諱言死，而且預先做了安排，他讓霍光以及金日磾這些人輔佐，並且安排好他的幼子繼位。果然，漢武帝死後，燕王就蠢蠢欲動，要是漢武帝沒有明確安排的話，燕王肯定會意圖奪取帝位，一場內亂就不可避免。另外，秦始皇的時候，他雖然平時信任李斯，但是沒有給李斯明確的授權，所以不久李斯就成為政治鬥爭的犧牲品。而與此相比，漢武帝明確安排了幾個輔佐大臣。在用人方面，漢武帝也是高明的，他用的兩個人——霍光和金日磾本身的出身並不高，一個是從宮殿內的基層官員做起，屬於現在的祕書性質；還有一個原來是俘虜，而且在當時人眼裡還是一個外國人。儘管這兩人沒有很高的地位，但是也避免了和其他貴族政治勢力之間的聯繫和矛盾，可以比較公正地處理事情，而且他們很熟悉漢武帝的心態，熟悉漢朝最高權力圈裡各方面的事務，所以儘管漢武帝晚年留下一個爛攤子，但是事實證明，由於他託付得當，能夠從漢昭帝也就是他的幼子開始，實行休養生息的政策，並且在漢昭帝短命去世以後，這個政策的延續性得以維持。從這一點上說，漢武帝晚年還是恢復了他年輕時的英明果斷和戰略眼光。

所以談論這些皇帝離不開他當時的背景。一般說來，到了權力的頂峰，很大可能會犯那些專制集權暴君的錯誤。但是在具體問題上，如果採取了比較正確的策略的話，多少能夠彌補這個制度本身所造成的缺陷。漢武帝最後總算有一個比較圓滿的結局，也使西漢的統治能夠在他之後又維持了比較長一段時間，能夠在經過激烈變動以後仍出現了一段休養生息的時間，使漢朝的實力真正達到了頂峰。

廟樂之爭

夏五月，詔曰：「朕以眇身奉承祖宗，夙夜惟念孝武皇帝躬履仁義，選明將，討不服，匈奴遠遁，平氐、羌、昆明、南越，百蠻鄉風，款塞來享；建太學，修郊祀，定正朔，協音律；封泰山，塞宣房，符瑞應，寶鼎出，白麟獲。功德茂盛，不能盡宣，而廟樂未稱，其議奏。」有司奏請宜加尊號。六月庚午，尊孝武廟為世宗廟，奏〈盛德〉、〈文始〉、〈五行〉之舞，天子世世獻。武帝巡狩所幸之郡國，皆立廟。賜民爵一級，女子百戶牛酒。——《漢書》

廟樂之爭

漢武帝死了以後，他八歲的兒子繼位，就是漢昭帝，由霍光、金日磾等人輔佐。但是昭帝沒活幾年，而且死的時候是沒有兒子的。霍光第二次承擔輔佐新皇帝的任務。首先要找繼承人，這個人就是當時的昌邑王劉賀，是漢武帝的孫子。照理說，兒子死了找到孫子一輩應該沒有什麼問題，但是劉賀做了幾十天皇帝，就暴露出種種毛病。霍光又組織了一次新皇帝更迭的儀式，請示太后把劉賀廢了。當然，關於霍光廢劉賀的真正原因，也許永遠沒有辦法弄清楚。因為現在看到的都是這場政變的勝利者們對這段歷史的紀錄，對劉賀有利的歷史資料是看不到的。從單方面紀錄看，劉賀上臺以後的確沒有幹什麼好事，不但能力很差，也不懂道理。但是從另一角度來看，也有一些紀錄存在矛盾。為什麼這麼說呢？當霍光把劉賀廢了並且抓了他手下的大臣時，有個大臣說了這麼一句話：「當斷不斷，反受其害。」也就是說，背後的原因可能很複雜，也許實際上是政治鬥爭。因為這個大臣的意思是，該做決斷的時候沒有做決斷，所以現在失敗了；說明在這幾十天裡，劉賀手下的人也曾經準備採取某種行動，但是最終他們猶豫不決沒有成功，讓霍光占了先機。至於內部究竟發生了什麼事，恐怕沒有辦法弄清楚。不過我想對於歷史的進程來講，這些事實不清楚並不重要，重要的是霍光在廢了劉賀以後又做了什麼。

漢武帝的孫子一輩、曾孫一輩還是有其他人的，霍光並不是一點選擇的餘地也沒有。但是霍光看中了一個人，這就是當時十八歲的劉詢。劉詢是誰？他就是當初被漢武帝逼死的太子的孫子。漢武帝逼死了兒子以後，又把兒子全家人殺了。前面曾經提到，漢武帝臨死前不久，有人跟他說，長安城的監牢裡有天子氣。漢武帝害怕長安城的天子氣影響到他的幼子，所以下了一道命令，把長安城監牢裡的犯人統統殺光。他的曾孫當時也在這個監牢裡。管監牢的人叫邴吉，他覺得這個孩子是無辜的，所以當奉命殺人的官兵來時，他堅決不開門，然後把這個小孩救了出去，在民間撫養。等到漢昭帝死時，這個孩子已經十八歲了。霍光也瞭解這個情況，於是提出，現在有一位皇曾孫，聽說他很好，人也正派、好學，建議立他為皇帝。一方面，霍光當時權傾朝野，另一方面，恐怕大臣們也找不到更好的辦法，就一致同意馬上把皇曾孫接到宮裡來，給他封了侯（平民百姓怎麼能做皇帝），接下來讓他繼承皇位，這就是漢宣帝。所以說從輩份上講，漢武帝把皇位傳給了兒子，然後中間跳過了一輩由漢武帝的曾孫繼承。

漢宣帝究竟是個怎麼樣的人呢？現在從為數不多的史料裡可以看到，霍光一方面讚揚他，另一方面也說他因為生長在市井，所以鬥雞走狗，跟那些小混混一起廝混的時候也有。曾經有一次，他被一群人包圍在某處，差一點脫不了身。所以有的時候，漢宣帝也是個惹是生非的人。但是這樣也有好處，他生長在民間，做皇帝以前既不富也不貴，所以瞭解社會的實際情況，這一點是很有利的。但是他做皇帝靠了誰呢？靠了兩個因素：一是從血統上講，他是漢武帝最年長的曾孫，是嫡曾孫；另一個，他有大將軍霍光的支援。

漢宣帝做皇帝的第二年，下了一道詔書，要求大臣們為漢武帝的廟制定專門的樂章，大力歌頌漢武帝的豐功偉績。他說：「這樣一個偉大的皇帝，現在我們紀念他的時候卻沒有專門的音樂，我感到很對不起他，你們趕快去擬定樂章，然後制定隆重的祭祀儀式。」這本來應該是例行公事，一般也不會有什麼人阻攔。偏偏在討論的時候，有人出來反對，這個人就是夏侯勝。夏侯勝當時的官職是長信少府，就是皇太后的老師。夏侯勝說：「武帝雖然開疆拓土有不少功績，但是也造成大批士兵和百姓死亡，弄得民窮財盡。武帝生活奢侈，揮霍無度，搞得國家財力耗盡，國庫空虛，百姓流離失所，一半以上的人死亡，到處發生蝗災，赤地千里，甚至發生人吃人的慘劇，到現在國家元氣還沒有恢復，他對百姓有什麼恩澤？為什麼還要給他制定廟樂呢？」這話一出，把朝廷裡的大臣嚇了一跳。怎麼能公然說先皇的壞話，而且講到這麼嚴重的程度！大臣們一致表示非常憤慨，要求對他懲處。大臣們甚至議定他這個罪很嚴重，要判死刑，並且還揭發了另一個官員黃霸也曾經和夏侯勝討論過這一問題，所以也該定罪。最後，大臣們用誣衊先帝、反對皇上詔書這樣的罪行把這兩個人定為大逆不道，關了起來。

漢宣帝的詔書當然馬上得到執行，大臣們很快制定了幾個樂章，名稱叫做〈盛德〉、〈文始〉、〈五行〉，排了舞蹈，要求全國臣民永久供奉，世世代代記住漢武帝的偉大功績。大臣們還提議，漢武帝生前到過的四十九個地方都要專門建廟，就像供奉漢高祖、漢文帝那樣供奉漢武帝。西漢這麼多皇帝裡面，只有這三位是得到特殊供奉的。漢宣帝當然批准了，於是造廟的造廟、奏樂的奏樂，全國轟轟烈烈地展開了對漢武帝的紀念活動。為了表示重視，漢宣帝下令全國的男子統統增加一級爵位，為了讓百姓歡歡喜喜慶祝，還分發了酒肉。

照理說漢宣帝應該馬上處理夏侯勝和黃霸那兩個罪人了，可是漢宣帝只是把他們關在監牢裡，根本不處理。夏侯勝和黃霸兩個人也坦然接受。在監牢裡，黃霸知道夏侯勝是有名的儒家學者，就讓他給自己傳授經典。夏侯勝說：「我們都是死刑犯，你還學這些幹什麼？」黃霸說：「孔子說：『朝聞道，夕死可矣。』我們還有時間，為什麼不向你學呢？」夏侯勝非常感動，就認認真真在監牢裡傳授經典。大家也覺得奇怪，漢宣帝到底是什麼立場呢？一方面要全國為漢武帝歌功頌德，還要制定一整套的禮儀制度。另一方面，對如此直率批評漢武帝的人，並沒有真正處罰。兩年以後，全國發生了大的自然災害，漢宣帝就利用這個機會下令大赦，把兩個人赦免了。不僅赦免了，而且馬上任命他們，一個在中央政府、一個在地方擔任要職。

怎樣理解這個矛盾呢？其實分析一下，漢宣帝這麼做也是很正常的。漢宣帝難道不知道他這位曾祖父把他全家人殺光的事實嗎？他沒有見過漢武帝，他所瞭解的就是民間所反映出來的漢武帝晚年統治留下的惡果。但是他為什麼做皇帝不久就要歌頌漢武帝、充分肯定漢武帝呢？大家不要忘記，他本來是一介平民，一無所有。霍光之所以立他，除了有霍光自己的目的以外，還因為漢宣帝在血統上是漢武帝留下的正統。也就是說，漢宣帝作為一個皇帝，他的全部權力來源是漢武帝，而且漢武帝的餘威尚在。他做了皇帝以後，根據慣例要追封自己的父親、祖父。他父親很年輕時就被漢武帝殺了，很難有什麼話好說。漢宣帝要求大臣們追封他的祖父也就是漢武帝的太子一個稱號，結果大臣們引經據典，追封為「戾太子」。「戾」什麼意思？是不知悔改的意思。這就是他祖父獲得的稱號——死不悔改的太子。什麼原因？因為漢武帝雖然知道太子是冤枉的，但自始至終沒有給他平反，他還是一個被討伐的逆子，並且是自殺的，所以根據當時的法統，既然先皇沒有給他平反，承認他是太子已經不錯了，但這是一個什麼太子呢？前面要加上一個「戾」字。其實這也是一個訊號，就是漢武帝原來定下的規矩、制度還有影響，所以只要漢宣帝稍微有一些做法被認為是偏離了漢武帝所定下的方針，或者稍微被人抓住把柄，認為他出於私利、私人的感情對漢武帝不尊重，恐怕皇位就會不保。正因為這樣，漢宣帝一定要採取措施，向外界宣示他對漢武帝絕無任何怨言，而且要繼承漢武帝的偉大功業。

對漢宣帝有制約作用的還有霍光。霍光跟著漢武帝二十多年，後來接受漢武帝遺詔輔助昭帝。昭帝死了以後，霍光立昌邑王劉賀，然後又把劉賀廢掉，再立宣帝。宣帝的所有權力來源其實又都來自霍光，所以他對霍光總是畢恭畢敬。這是什麼感覺呢？後來漢宣帝對邴吉講，每次見到大將軍，就好像芒刺在背。霍光掌握權力時間長了，大概也很難避免產生長期占有權力的欲望。霍光把自己的小女兒嫁給漢宣帝，而漢宣帝已經有一位姓許的妻子，並且生了兒子（就是以後的漢元帝），那麼到底立哪一位為皇后呢？是立許氏，還是按霍光的意思立他的女兒？漢宣帝不敢公開反對，但是他突然下詔書要大臣幫他尋找以前遺失的一把寶劍。這把寶劍當然是找不到的，大臣們從這道詔書裡悟出漢宣帝是想立許氏，於是大臣們上書要求立許氏為皇后。許氏被立為皇后以後，按照慣例漢宣帝的老丈人應該被封為侯，但霍光不同意。霍光說：「這位許先生出身低微，受過宮刑，所以不合適，不能封侯。」結果只給漢宣帝的老丈人封了一個君，比侯低。以後發生的事情就更加離譜了，到許皇后再次生孩子的時候不明不白死了，後來揭發出來是霍光的太太即霍夫人出的主意。霍夫人說女人生孩子的時候死掉是很正常的，既然許氏要生孩子，何不利用這個機會讓她死呢？許氏一死，霍光的女兒就變成了皇后，霍家的權勢就可以長期穩定了。

漢宣帝只能忍耐，一直忍到霍光去世。果然，霍光死後不久，就出現了霍家作亂的事件，漢宣帝下令平息。當然，現在限於史料，已經沒有辦法知道這中間的究竟，是霍家真的要謀反，還是漢宣帝為了達到清除霍家勢力、使自己真正掌權的目的而找的藉口。但是不管怎樣，應該肯定霍光輔助漢昭帝以及漢宣帝的功績，使漢朝得到休養生息。漢宣帝延續了這個政策，從這一點上講，儘管發生了種種事件，漢朝的實力仍然得到了恢復。而且由於漢宣帝來自民間，瞭解民間的疾苦，又經過早期的一番磨煉，所以他的政策是務實的，也是相當成功的。他不僅沒有追究夏侯勝和黃霸所謂大逆不道的罪行，而且重用了這樣一批既堅持原則又勤政務實的官員。夏侯勝一直活到了九十歲，堅持不懈，始終堅守自己的理念，弘揚儒家學說。黃霸做了五年的丞相，做到了文職的最高級別，是整個漢朝出了名的有才幹的官員。這樣一批務實的官員努力整治漢武帝留下的爛攤子，使漢朝的人口又重新得到增長，經濟得到恢復。

漢宣帝特別值得稱道的地方還在於對待匈奴的政策。從漢武帝開始，就不斷反擊匈奴，但是沒有從根本上解決問題，為什麼呢？匈奴是一個遊牧民族，他們為了自己的生存，到處遷移。如果草原碰到了自然災害，生存不下去了，他們要麼往西遷移，要麼就南下。一旦南下成功，匈奴就打起了農業民族財富的主意，掠奪農業民族的勞動力、婦女、財產，所以衝突實際上是很難避免的。儘管有時候漢朝的軍隊取得了大的勝利，一直可以進攻到蒙古高原，但是沒有辦法解決糧食等後勤物資的保障問題。再者，遊牧民族都跑了，也就找不到統治或者報復的對象，也沒有辦法長期統治匈奴地區。漢宣帝的時候，由於匈奴內部分裂，又碰到天災，匈奴最有實力的單于也就是匈奴的首領向漢朝投降。當時大家都認為這是非常好的機會，既然投降了，就把匈奴滅了算了。漢宣帝卻採取了很務實的政策，不僅沒有把到長安來朝見的單于扣留或者殺掉，而是以賓客的禮儀對待他，規定他的地位比諸侯王還要高，僅次於皇帝。漢宣帝最後又派人護送單于回到草原，資助他糧食，幫助他維持那裡的統治，同時跟他約定長城以內歸漢朝管，長城以外由他統治。這樣，從漢宣帝開始，漢朝跟匈奴之間基本上相安無事，維持了六十年邊界上的和平安寧。史書上記載，當時經濟得到恢復，農業地區糧食充裕，牧業地區也是牛羊遍野，以至於邊疆的城門到晚上都不用關。這在整個漢朝是絕無僅有的，也是中國歷史上農業民族和牧業民族之間少有的和平時期。這的確顯示了漢宣帝真正的雄才大略，和漢武帝相比，漢宣帝不是完全依靠軍隊、依靠開疆拓土來解決邊疆問題，而是實行了一條對雙方都有利的政策。

現在回過頭來看，應該佩服漢宣帝。在剛剛繼位的時候，他表面上不得不延續漢武帝的權威，但是實際上他在執行務實的政策。他重用那些明白漢武帝真正功過的大臣，推行休養生息的政策，終於使西漢真正達到了頂峰。漢宣帝一方面和匈奴保持安寧，另一方面執政期間在西域建立了西域都護府，把西漢實際上的疆界向西推進到了今天巴爾喀什湖東南、帕米爾高原這一帶，這是西漢歷史上最強盛時期的疆域。

王莽改制

贊曰：王莽始起外戚，折節力行，以要名譽，宗族稱孝，師友歸仁。及其居位輔政，成、哀之際，勤勞國家，直道而行，動見稱述。豈所謂「在家必聞，在國必聞」，「色取仁而行違」者邪？莽既不仁而有佞邪之材，又乘四父歷世之權，遭漢中微，國統三絕，而太后壽考為之宗主，故得肆其姦慝，以成篡盜之禍。推是言之，亦天時，非人力之致矣。及其竊位南面，處非所據，顛覆之勢險於桀、紂，而莽晏然自以黃、虞復出也。乃始恣睢，奮其威詐，滔天虐民，窮凶極惡，毒流諸夏，亂延蠻貉，猶未足逞其欲焉。是以四海之內，囂然喪其樂生之心，中外憤怨，遠近俱發，城池不守，支體分裂，遂令天下城邑為虛，丘壟發掘，害遍生民，辜及朽骨，自書傳所載亂臣賊子無道之人，考其禍敗，未有如莽之甚者也。——《漢書》

王莽改制

說起王莽，他是西漢滅亡以後取代西漢建立新朝的第一個也是唯一的皇帝。新朝建立不久就被推翻，王莽也被殺了。一般對他的評價，說王莽是偽君子、騙子。他鼓動如簧之舌，蠱惑人心，欺騙百姓，所以王莽被殺以後，他的頭被割下來，掛在南陽郡治宛縣城上，民眾紛紛拿石頭去砸，甚至有人把他的舌頭割下來吃掉了，以宣洩他們對王莽的憤恨。但是稍微注意一下史料的話，就可以發現，所有這一切都是戰勝了王莽的漢朝留下的。然而通過這些史料仍可以發現，王莽這個人其實很不簡單，王莽進行的所謂改制也並不那麼簡單。我們就來看看王莽改制以及王莽建立的新朝究竟是怎麼回事。

王莽的出身，可以說非常顯赫。他的姑媽是漢元帝的皇后，漢元帝的兒子成帝做了皇帝，她成了皇太后。王莽的伯父王鳳，官居大司馬、大將軍。大司馬是什麼官？理論上是「三公」之一，實際上相當於當時的一國的總理，什麼事情都是他管。王莽這個家族，因為有他姑媽做了皇后之後又成為太后的原因，所以有過家族中五個人在同一天裡被封為侯爵的事件。王莽的家族總共出了九個侯，其中還有五位大司馬。一個家族出了五位總理這還了得，所以非常顯赫。但是另一方面，王莽自己又很不幸。他的父親死得太早，還沒有到封侯的年齡就死了；而他的哥哥年紀輕輕也死了，還給他留下了一個侄兒。王莽上面有母親有嫂子，下有死去的哥哥留下來的兒子，所以他在整個家族裡面地位很低，經濟上也不寬裕。但是王莽從小就表現出與眾不同，非常孝順，對人非常謙和，對長輩非常恭敬。比如他官居大司馬的伯父王鳳，在王鳳生病的時候誰對他伺候得最好呢？就是孝順程度勝過自己兒子的王莽。王莽在王鳳生病的時候，衣不解帶，日夜伺候，王鳳對他非常滿意。王莽的這些表現感動了叔伯一輩的人，王莽有一個也是封了侯的叔父叫王商，他上書朝廷說：「王莽這個人品德高尚，應該封侯，如果侯爵不夠的話，我願意把我的侯爵讓出來，封給他。」不久，王莽終於被封為新都侯。

儘管王莽有了侯爵的身份，但他還是保持原來謙和的品德，他總是把所有賞賜給他的錢分給別人，自己不留餘財，誰有困難都主動去幫助，而且不僅對王氏家族，對其他人也是這樣，所以他的聲望一天天高漲，大家都覺得這個人實在是了不得。王莽的侄子叫王光，年紀比他兒子小一點，但是王莽堅持讓他們一起上學。每到王莽休假去接兩個孩子回家的時候，總是要帶上禮品慰問老師，非常客氣地向他們表示感謝。這些老師從來沒有見過這樣的事，連聲說：「哪有這樣的事，當官的人對我們這麼有禮貌！」所以到處都傳頌著王莽的事蹟。侄子王光雖然比王莽兒子王宇年紀小，但是王莽堅持等到侄兒完婚以後，才讓自己的兒子結婚。當兒子舉行婚禮的時候，家僕來報告說太夫人要吃藥了，於是王莽趕快中止宴會，跑進去伺候他母親，就這樣一場宴會停下了好幾次，但這也使大家深深體會到王莽真是一個孝子。

王莽的叔父王根準備要退休了，找誰做大司馬繼承這個職位呢？當時有兩個候選人：一個當然就是王莽，王莽已經封了侯，而且聲望很高，大家都讚揚他；另一個是淳于長，也是個人物，他是王太后的外甥。一個是太后的侄子，一個是太后的外甥，相比之下還是外甥比較活躍。另外還有一個因素，漢成帝很感謝淳于長。為什麼？漢成帝想立他的寵妃趙飛燕為皇后，這個名叫趙飛燕的女子很有名，舞跳得非常好，是歷史上的美人。但是太后不同意，說趙妃出身太低微，沒有資格做皇后。漢成帝沒有辦法，就託淳于長在太后面前說好話。太后很聽這個外甥的話，終於同意讓漢成帝正式娶趙飛燕封為皇后。這件事讓淳于長覺得自己幫了皇帝的忙，所以志滿意得，各方面就開始不檢點、不注意了。

這個時候還發生了一件事，漢成帝有一個廢后許氏，很希望通過淳于長去跟太后說好話，爭取有一天能夠恢復自己的地位，於是派了自己姐姐去賄賂淳于長。淳于長利用這個機會寫了一些信向許氏調情，說有辦法使許氏恢復地位，還接受了很多許氏送給他的禮品。這些把柄都被王莽給逮住了，王莽就報告給王根，說：「淳于長巴不得你現在快一點退下來，他好接這個班。」王根當然很生氣，就讓王莽把這事跟太后報告。王莽報告後，太后勃然大怒。再加上另一件事情也暴露了，就是另外有一些王莽叔父輩的人曾經在漢成帝面前說過淳于長的壞話，但是後來看到淳于長有可能繼承大司馬，他們又反過來在漢成帝面前說淳于長的好話，結果弄巧成拙。這些事情一追究，淳于長當然是沒有資格繼任大司馬的位子了。王莽在他三十八歲的時候，終於做到了大司馬。應該講王莽通過長期的努力，到這個時候脫穎而出，已做到文官最高的位子了。

但是很不巧，就在這個時候，漢成帝死了，沒有留下兒子。當然這裡也很複雜，宮廷鬥爭中有的時候就是相互爭寵、互相殘殺，總之，漢成帝沒有留下兒子。怎麼辦？就從旁支那裡找來了一位繼承皇位，按照輩份，因為新皇帝是漢成帝下一輩，王太后就變成了太皇太后，成為了新皇帝的祖母。這個新皇帝後來被稱為漢哀帝，他的母親原來是一個諸侯王的小妾，稱為丁姬，他的祖母傅太后也不是諸侯王的王后。根據所謂母以子貴的原則，有人就開始拍馬屁。有一位官員就上書，說《春秋》講「母以子貴」，秦國的時候有一個莊襄王，他的生母與養母同時被尊為太后，所以援例請求封丁姬和傅太后，給她們上尊號，因為一個是皇帝的母親，一個是皇帝的祖母。這就被王莽逮住把柄了。

原來，哀帝繼位以後，根據慣例，老的外戚要給新的外戚讓路。王莽是皇帝祖母家裡的人，現在皇帝母親家有人要來了，所以王莽就要求退休。太皇太后沒有辦法，表示同意讓王莽退休，漢哀帝則感到自己剛繼承皇位不敢動他，於是就挽留他。太后順水推舟，讓王莽繼續擔任大司馬，但是這兩家外戚的鬥爭是不可避免了。王莽一看有人上書，逮住把柄了。王莽說：「現在要求給哀帝的外戚上尊號，這個沒有錯，但是居然引用了秦國的例子，秦朝是亡秦啊，這不吉利，怎麼能用這個例子？那就是大不敬。」哀帝替母親、祖母封尊號沒有辦成，反而連上書的官員也被追究了。哀帝沒有辦法，只好把那個上書的官員董弘給撤職了，這件事也就過去了。不久又發生了一件事。有一天，在未央宮舉行盛大宴會，正中間只放著太皇太后的座位，傅太后一看，這怎麼行，馬上示意哀帝在太皇太后的座位邊上給她也放一個座位。傅太后認為太皇太后只是皇帝名義上的祖母，自己才是皇帝的親祖母，怎麼能沒有座位，於是也放了一個座位。偏偏王莽來檢查發現了，說這怎麼可以，太皇太后是朝廷的至尊，傅氏是藩王的侍妾，怎麼能放在一起？就把傅氏的位子撤了。傅太后很生氣，連宴會都沒有參加。兩支外戚劍拔弩張。

王莽再厲害，太皇太后再厲害，畢竟鬥不過當時的皇帝，所以不久之後，哀帝還是採納了一批大臣的意見重新封太后。原來的王太后被稱為太皇太后，傅太后被稱為皇太太后，而丁姬就是皇帝的生母被稱為丁太后。這麼一來，形勢就對王莽非常不利了。非但大司馬做不成，而且有人提出來，王莽阻礙皇帝封自己的母親和祖母是有虧孝道，即使不殺頭也應廢為庶人。結果王莽被撤職，回到了自己所封的新都侯國，雖然還保留侯爵，但實際官職沒有了。到了新都縣，王莽規規矩矩地服從地方官，還是像以前一樣謙和，照樣經常幫助別人。因為王莽經常幫助別人，所以很多事已經被傳為美談了。有一次有人送給王莽一個婢女，大家知道，以前送一個婢女給他，實際上是給他一個小老婆。王莽卻把這個婢女送給了另外一個朋友後將軍朱伯。大家都不明白怎麼回事，王莽說：「你們不知道，朱伯到現在沒有兒子，我已經有兒子了，據我瞭解這個姑娘會生孩子。」你看他為別人想得多周到啊。

王莽在新都這幾年，還有一個驚人的舉動。他有一個兒子，逼死了一個婢女，王莽得知後馬上逼令這個兒子自殺。在當時，奴婢的地位是非常低的，低到什麼程度？買賣奴婢的時候，可以把這些人放在市場上，跟牲口放在一起，讓買家挑選，買賣過程也跟買賣牲口一樣。在這種情況下，一個外戚，曾經做過最高的文官，又是一個侯爵，他的兒子因為種種原因逼死一個奴婢，無論如何不需要讓他死的。但是王莽認為，逼死了人，肇事者就得死。所以，王莽被貶後，非但沒有影響到他的聲譽，反而每年都有好幾百人上書朝廷為他抱不平，要求召回王莽。

正巧，這個時候出現了日蝕。古代的人一看到日蝕就認為肯定是朝廷或者皇帝有了什麼過錯，所以太陽的光才會被遮蓋。利用這個機會，又有人上書為王莽說話，太皇太后就宣佈把王莽召回首都。這樣，王莽又回到了政治中心。漢哀帝在二十五歲的時候突然生病死了。哀帝沒有兒子，他是中國歷史上有名的同性戀。他最信任的一個人，是他的男夥伴董賢。他們睡在一起，哀帝早上醒來，董賢還沒有醒，身子壓著他的袖子，為了不讓董賢被他吵醒，哀帝起來的時候，拿一把小刀把袖子割斷了，讓董賢繼續睡。中國古代把同性戀稱為「斷袖之癖」就是這麼來的。但是這個董賢，儘管被哀帝封為大司馬，當了總理，實際上沒有任何能耐，所以等到哀帝一死，董賢不知所措。太皇太后看到機會來了，馬上下令召王莽進宮，讓他接掌大司馬，由他來料理哀帝的後事並處理朝政。王莽經過這個波折之後重新掌權。

王莽很快清除了哀帝的外戚丁家和傅家，又恢復了王氏的權力。之後，王莽開始考慮自己的作用了。為什麼？因為這個時候，朝廷已經立了一個新皇帝，也是一個小孩，但是新皇帝的輩份是繼承成帝的，這樣一來，太皇太后又變成了太后，就更可以直接掌握政權了。所以王太后就希望用自己家裡的人，她想起用王莽的叔伯這一輩，就是她兄弟這一輩的人。王莽卻提出來，要重用孔光。孔光是誰呢？他是孔子的後代，也是三朝元老。王莽封孔光的女婿和孔光信任的人為大官，各種重要的事自己都不出面，而是讓孔光去說，所以實際上真正的大權被王莽掌握了。太后要任用叔伯一輩那王莽怎麼辦呢？王莽就去找太后，說現在漢朝已經很衰弱了，這個時候太后要帶頭不用自己家裡的人，以表示大公無私。太后沒有辦法，只好不用這批人。然後王莽又找出種種理由，把王家原來他的叔伯、堂兄弟這些人的官統統免掉，他任用一些能幹的人，結成了自己的政治集團。不久，王莽又有了新的舉措。

王莽再次擔任大司馬執政的時候，剛剛立的皇帝——漢平帝只有九歲，朝廷的權力都集中到王莽的手上。不久，邊疆地區把一頭白雉也就是一隻白顏色的野雞送到朝廷來。這是周公執政時候出現過的一個祥瑞，可見王莽的功績是跟周公一樣的。一批大臣就提出，王莽對漢朝的貢獻那麼大，簡直就是霍光再世，請求封王莽為安漢公。此時的太后，雖然已經七十二歲了，但腦子不糊塗，她問：「難道王莽真有那麼好嗎？還是因為他是我的侄兒，你們才這麼說他好？」大臣們趕快否定，說王莽的確功績很大。接下來大臣們就制定儀式，要封王莽為安漢公，要給他多少土地、多少民戶、多少錢，但是王莽一概拒絕，他說：「這不是我個人的功勞，是孔光他們幾個人和我一起制定政策的，所以要封，先封孔光他們幾個人，我才能接受。」太后就下令先封了孔光等人，但王莽還是不接受，他說：「現在天下老百姓還沒有小康，什麼時候百姓小康了，再封我也不遲。」太后只好下令，給王莽增加俸祿，但是講清楚現在不給，什麼時候百姓達到小康了，王莽再領取。王莽這也不同意，他說：「現在天下需要封賞、需要救濟的人很多，朝廷應該先封他們，先解決大家的困難。」

結果，在他的推動下，朝廷正式向全國發佈命令，所有有貢獻的諸侯王都得到封賞，開國功臣的後代都得到封賞，漢宣帝所有還活著的子孫統統封侯，在職的官員也都得到獎勵；對於宗廟，沒有修的要修理，裡面的貢品、祭品都要豐盛；鰥寡孤獨的窮人都要給予救濟；二千石以上的官員退休了，可以終身拿原來俸祿的三分之一。另外還規定，在首都附近的地區要派官員去檢查，如果上一年多收了賦稅的，統統退給百姓。漢哀帝死了以後要給他建陵墓，以前慣例是但凡陵墓範圍裡的其他墳墓都要遷走，可是這一次規定只要不影響主要的建築都可保留。更使天下百姓高興的是，朝廷下令從現在開始，所有服兵役的人，不再需要自己準備當兵的用具。以前去服兵役，裝備都是自己帶的，現在這樣的規定都取消了。

大家看，王莽一個人的提議，可以說使天下從最高級別的諸侯王一直到鰥寡孤獨、普通老百姓，人人受益。老百姓怎麼會不感謝王莽！但是王莽覺得這樣還不夠，說現在百姓生活還是太苦，於是帶頭把一百萬錢和三十頃土地統統捐出來，還要求太后節約開支，穿粗布衣服，吃差一點的伙食。太后雖然七十多歲了，也帶頭把原來歸自己的十個縣城交給國家的農業部——大司農來管理，收入歸公。在她的推動下，有一百三十位朝廷高級官員紛紛捐獻土地和自己的住宅。碰到自然災害時，王莽還在長安城裡修了一千套住宅救濟無家可歸的人。

王莽又提出來，要吸取哀帝沒有後代的教訓，早一點為皇上選妃、選皇后。平帝是九歲繼位的，這個時候也才剛剛十歲，大臣們就開始為他選皇后了。大家提的候選人有好幾位就是王家的，其中包括王莽的女兒。王莽就去跟太后講：「這樣不行，都選我們家的怎麼可以？」

太后也覺得這樣不好，下令王家的女孩統統退出競選。但是消息一出，每天有上千人跪在宮門前，說不能這樣做，王莽的女兒是最合適的人選，這樣做是私心，不是為公家著想。王莽派人去勸導，但是越勸導人越多，成千上萬人跪著，一定要讓王莽的女兒做皇后。太后也沒有辦法，就馬上組織了一個考察組，去考察王莽女兒究竟怎麼樣，結論是非常合適。這還不夠，又到宗廟裡去打卦占卜，結果都是吉利得不得了、非常好，於是決定選王莽的女兒做漢平帝的皇后，王莽將要成為皇帝的丈人了。

迎娶皇后，就要發聘禮。根據規定，皇后家裡面要接受的聘禮是二萬萬錢和四千頃土地，王莽不接受，認為這實在太多了。太后就說，那給四千萬錢吧。不曾想王莽把其中的三千二百萬拿出來，分給同時選皇后的十一戶人家。這麼一來，聘禮他只收了八百萬，這比一般妃子都低了。大家說這樣不行，太后也說要補全，補到三千萬。王莽又硬是拿出其中一千萬，分給他們王家貧窮的親戚。可見王莽大公無私到了這種程度！他這種行為感動了百姓，全國有四十八萬七千五百七十二人上書要求表彰王莽，認為這實在是一個太好的典型了。蜀郡有一個老百姓叫陸劍，本來跟人家打官司，聽說王莽這麼謙讓、這麼大公無私，他深受感動，主動宣佈撤訴。

可就在這個時候，王莽家裡出事了。王莽怕漢平帝的外戚也像漢哀帝的外戚那樣弄權，所以規定這些人留在原來的封地中山國，不許到長安來。平帝的母親和舅舅當然都希望來都城，就找了王莽的兒子王宇幫忙，要王宇跟父親說，容許皇帝的母親和舅舅到長安來。王莽很頑固，兒子講也沒有用，不答應就是不答應。王宇就跟他們商量出主意：王莽這個人很迷信，正面跟他講沒有用，得拿鬼神嚇嚇他，然後再跟他講道理，就能成事了。他們準備半夜裡找人把鮮血塗在王家的大門上，然後編謊話去跟王莽講鬼神生氣了之類的。誰知道在幹這個活的時候，被王莽家的門衛發現了，抓住後一查，查到王宇這裡。王莽可不因為是自己兒子就算了，馬上把兒子抓到監牢，然後逼他自殺，同時窮追猛打，不僅把漢平帝的舅舅這些人抓起來，還趁機把各方面反對王家的勢力一網打盡。

這件事情讓王莽覺得自己在政治上站住了腳，但是他的兒子怎麼處理？兒子雖然被逼死了，但這還不夠，王莽親自寫了八篇文章，教育王家的子孫，要從這件事情吸取教訓。群臣覺得這很了不得，王莽非但大義滅親，還在理論上有所創新，紛紛要求把這八篇文章作為《孝經》的補充教材頒行天下，規定能背出這八篇文章的人可以從優錄用。所以當時掀起了學習王莽這八篇文章的熱潮，好多人都背得滾瓜爛熟。王莽的聲望也越來越高，全國文武百官有九百零二人聯名上書要求繼續加封王莽，給他加封九錫，成為僅次於皇帝的人。王莽當然又是一再謙讓。同時，朝廷派出八個採訪使，到全國各地去調查民情，結果蒐集到老百姓歌頌王莽的民歌總共有三萬字。

在這種形勢下，進一步實行大刀闊斧的改革，王莽志在必得。他改革的目標是什麼呢？一個叫「市無二賈」，就是市場上沒有第二個價格，大家都價格統一。第二個叫「官無獄訟」，就是官府沒有人來打官司了，也就是沒有什麼犯罪，百姓都互相謙讓。三是「邑無盜賊」，城裡沒有強盜、小偷。四是「野無饑民」，野外也沒有人餓肚子。五是「道不拾遺」，路上東西掉了都沒有人撿走。六是「男女分路」，即男女之間不要隨便接觸，走路的時候男女自覺分開，避免不軌。最厲害的一條是「犯者象刑」，即若有人犯了罪，只要把他的圖像掛在那裡，用不著打，用不著罵，也用不著關起來，這樣他就自然感到已經受到了精神上的懲處，就會自動改邪歸正。這是多麼誘人的前景，要是真的做到了，真是前無古人的太平盛世。

王莽定了這麼高的目標，當然覺得做什麼安漢公、什麼輔佐的大臣就不夠了。就在這個時候，各種吉兆都湧現出來了：哪個地方發現了什麼吉利的東西；什麼地方出了一口井，井裡有一個字；什麼地方出現一個罐，罐裡打開來裡面明明白白說漢朝皇帝徹底要讓位了，王莽要登基了。在各地歌頌和各種祥瑞中，王莽終於從安漢公、漢朝的輔佐大臣，到自己做皇帝，建立了新朝。

順便補充一下，王莽立的平帝十四歲就死了，怎麼死的現在也講不清楚了。據說王莽曾經學周公的樣子，向上天表明態度，願意替漢平帝死。周公在成王生病時也是這樣，把自己的意思封在盒子裡，表明願代替成王去死。王莽也這樣做，結果老天爺不接受，還是讓漢平帝死了。也有人說，漢平帝是被人毒死的。不管漢平帝是怎麼死的，之後王莽乾脆立了一個兩歲的嬰兒叫孺子嬰，由他抱著孺子嬰繼位。這個兩歲的嬰兒當然都聽王莽的，後來兩歲的嬰兒也廢了，王莽正式做了皇帝。王莽要開創新的世界，所以稱新朝，於是大刀闊斧要改制了。王莽要達到前面所說的崇高的境界，需要有政策，他開始全面推動他的改革。為什麼王莽能那麼順利？有人說這些民歌和這麼多人的擁護都是假的，我倒不這麼看，為什麼？王莽所做的這一切，儘管出乎常人的意料，但也不是弄虛作假。比如說王莽逼死自己的兒子，他兒子真死了。王莽的太太過著很貧苦的生活，有人到王莽家裡去，看到一個女人出來，穿著粗布短裙舊衣服，以為是一個婢女，後來才知道是王莽的太太。王莽把錢分給別人，也真的分出去了。

這樣一個道德的典範，在當時能起到什麼影響呢？要知道當時奴婢的價錢跟牛馬差不多，一般的外戚官員都貪贓枉法，都巴不得多拿一點錢，把窮人的生命視同草菅，千方百計搜刮民脂民膏。在這種情況下，有這麼一個人非但自己不貪，還積極推動讓大家都有好處，寧可逼死自己的兒子也要遵守法律，自己一輩子都過著苦日子。這麼一個官員，提出如此激動人心的理想，而且各階層都受益，大家當然都擁護他。儘管事後有人說，王莽千不該，萬不該，不該自己做皇帝，但實際上，他做皇帝之初的確沒有多少人反對他，大家都寄希望於他的改革。即使有一些官員迫於形勢把自己的錢拿出來捐獻，但是他們也明白，只要順從王莽得到的好處會更多，只要王莽做了皇帝少不得有些人要升官，所以也沒有太多的怨言。

問題出在王莽的改革方案是完全行不通的。王莽認為上古時代是最好的時代，他所有的制度改革都要在儒家的經典中找到根據。為什麼叫託古改制呢？就是改的過程都是假託古代有過這樣完美的制度，所以他的一切言行都要在儒家的經典中找到理論根據。

比如，王莽對土地制度實行改革。漢朝後期土地兼併嚴重，富人、有勢力的人占有大量的土地，而大多數人一點土地都沒有。王莽就下令實行井田制，規定每家根據人口給田，最多占地一井。那麼多餘的田怎麼辦？所有的田都叫王田，都歸公了，每家多餘的田退出來，沒有田的可以向公家申領。土地不許買賣，都是公田。表面看很理想，但實際行得通嗎？豪強貴族不肯交田，有些小農家裡人少，而田地卻比一井稍微多一點，也不得不把田交出來。沒有田地的那些人，因為公家手裡沒有田，也分不到。這個井田制不但實行不了，而且幾乎遭到所有人的反對。就是有些人僥倖分到田了也不滿意，為什麼？現在都是公田，如果今後家裡人口減少了，還得把田交出來。所以到後來富人窮人都不滿意，而且更多的人得不到土地。井田制實行不了，最後沒有辦法，王莽也不實行了。這麼一來，有些人老老實實交的田就拿不回來了，不滿意的人更多了。

又比如說王莽規定不許再用奴婢，奴婢都改名叫私屬，還規定奴婢不能買賣。問題又來了，以前的統治者、貴族或者豪強、富人買的奴婢並不都只是做家務的，主要是從事農業生產，現在奴婢不許買賣，而且要限制叫私屬，又不許幹活，那麼養著奴婢幹什麼呢？所以實際上私底下還是存在奴婢買賣的。那些私下買賣的奴婢境地更糟糕，所以奴婢根本沒有得到解放，而且交易由明變暗，更加殘酷。最主要的是奴婢照規定不能幹農活，這根本行不通。所以這個改革最後也是以失敗告終。

王莽對市場實行一個改革，叫做「五均六筦」。五均，就是在全國幾個中心城市，設立五個市場，政府專門派官員管理，平抑物價。比如說物價漲了，政府就拋售，平價賣生活必需品，使物價降低；反之若物價跌了，低於政府規定價格，政府則負責收購，維持物價。另外，還規定窮人假如家裡遇到喪葬或者什麼事可以借錢，還規定了最高的利息限額。這個制度看起來很好，但問題是政府根本沒有掌握足夠的經濟和管理能力。應該拋售的時候，政府沒有物資；應該購入的時候，又沒有足夠的錢去買。所以方案雖好，實際上根本沒有辦法實行。政府沒有這個能力怎麼辦？於是有些事就委託給了富商。那些富商本來就是為了賺錢，藉這個名義，把市場搞得更亂。六筦，就是規定把重要的物資比如說鹽、鐵、錢等統統由政府官營，不許私人再經營。漢武帝曾經試過，事實證明是行不通的。實行官營以後，物資更加緊缺，物價更高。更主要的是，貪官跟商人勾結，老百姓更加受害，所以王莽五均六筦這一套也是行不通的。

王莽還改革了貨幣。漢武帝時候鑄造的錢已經夠多了，累計達到了二百八十億，王莽仍然鑄新的錢幣，但是新鑄的錢幣品質不如原來的錢幣，老百姓不願意使用，於是王莽就強制推行。他鑄造了一種布幣，規定任何人出去，身上都要帶布幣，到後來這個布幣就像通行證一樣了，官員都要檢查。一旦貨幣變成了證件，那麼它已經失去了流通的價值。比如一個人身上有布幣，他怎麼敢花？如果用了的話，以後查到沒有布幣不就成非法了嗎？所以新鑄造的錢幣毫無作用。王莽一次次變花樣，而實際上朝廷掌握的資源非常有限。鑄錢需要銅，但如果錢幣鑄出來達不到它本身的面值，誰肯用呢？所以錢幣的改革也是失敗的。在這個過程中，王莽為了打擊違反朝廷法令的人，抓了不少人，光為這個錢幣改革就抓了幾十萬人，這引起了社會的恐慌和矛盾衝突。

王莽還喜歡改地名。他把全國所有的行政區統統根據古代儒家的典籍改名，有的地方最多改了五、六次。改名多了大家都弄不清楚了，所以每次發公文或者寫什麼詔書，提到某某地方，都要注明原來是什麼地方，弄得非常煩瑣。這又造成了行政上的不便，也引起了大家的不滿。

王莽對待周邊的少數民族的態度也是泥古不化，一定要強制劃分華夏跟蠻夷。漢宣帝以後，匈奴跟漢朝一直相安無事，有很多匈奴人遷到漢朝的邊疆地區，已經跟華夏民族、漢朝的臣民相處得很好了。但是王莽要實行他的政策，要求這些周邊的少數民族以及屬國都要改名。比如王莽說匈奴不好，要改名恭奴，恭恭敬敬的奴才。匈奴人已經跟漢朝接觸那麼多年了，不是一點文化都沒有，這樣改他們一看就知道是對他們的誣衊。這還不夠，王莽又說匈奴要改為降奴，投降的奴才。在朝鮮半島有一個屬國政權叫高句麗，王莽說高不行，要改名下句麗，這樣就激起了周邊少數民族政權的反抗。王莽為了保持華夏跟蠻夷之間的區別，還調動大軍駐在邊疆，不僅浪費了大量的人力、物力，也激起了少數民族的反抗。

不管王莽個人目的怎麼樣，他的改革完全脫離了當時的實際。改革一開始給了大家過高的期望，並且動用國庫暫時滿足了各方面的需要，接下來卻不顧實際情況，盲目模仿古代的制度，輕率實行改革，為了滿足個人的虛榮做了很多本來不應該做的事，比如前面提到的把匈奴的名字改了。還有，王莽說天子應該富有四海，現在有了北海郡，有了東海郡，有了南海郡，還缺一個西海郡，所以下令在今天青海湖這一帶的羌人把土地獻出來，在那裡建一個西海郡。羌人沒有辦法，只能把土地獻出來。但是獻出來以後，這個地方很荒涼，怎麼去建一個郡呢？王莽就號召各地把罪犯送到那裡去定居。為了完成任務，手下只好增加罪名多抓罪犯，所以僅

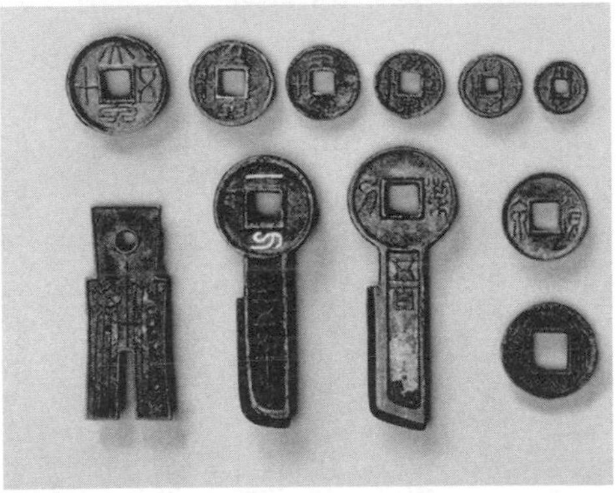

王莽企圖通過貨幣改革，擺脫當時嚴重的社會危機。但貨幣改革混亂荒唐，各類貨幣比值不合理，導致貨幣嚴重貶值；幣材太濫，品類太多，尤其重新使用被歷史淘汰的龜、貝，徒然製造了不少矛盾和混亂；十餘年間進行了四次幣制改革，變動過速，給社會經濟生活和貨物的流通帶來了很大困難。

僅為了這麼一點事就引起天下騷動。

從史書的記載可以看到，在王莽做皇帝實行改制以前，到處都是歌頌，大家都說好話，但是在王莽實行改制以後，原來支持他的人大都成為他的反對者。在這種情況下，漢朝的宗室就趁機圖謀恢復漢朝，憤怒的農民也發動暴動。其中就有後來當了光武帝的劉秀和他的哥哥。王莽當然也有手下和部將為他效勞，但是終究抵不住全國普遍反抗的勢力。到了西元二三年也就是地皇四年的時候，反叛的軍隊在十一月初一攻進了長安城。對於各地的反叛，王莽束手無策，他經常做的就是反覆念儒家的經典或者舉行各種儀式，妄想用自己的誠心再感動大家，真正有效的應對策略卻一點都沒有。到了初三這一天，四面反叛的軍隊已經包圍了宮殿。王莽帶著一千多人，撤退到了一個叫做漸臺的建築裡。這時王莽有一個兒子看到苗頭不對想逃，被制止了。剩下的一千多人居然沒有人再逃跑，而是仍保衛著王莽。然而叛軍以及怨恨王莽的平民像潮水一樣衝了進來，在混亂中王莽被殺，有人發現後就開始爭奪他的屍體，終於有人把他的頭割下領賞去了。

前文曾提到，王莽的頭被掛在反抗勢力的根據地——南陽宛縣城上，但是這個時候，有人說了一句耐人尋味的話：要是王莽不做皇帝，那不還是我們漢朝的第二個霍光嗎？王莽死的時候，居然還有上千人為他殉葬。這裡不難發現，歷史留給我們的材料是已經經過王莽敵人們刪改的，所以到底怎麼看王莽？王莽的改革不管目的怎麼樣，最後以失敗告終，一個很重要的原因，是他根本沒有瞭解當時的漢朝和後來新朝的實力能夠容納多大的改革力度，對各階層的人都許下了過高的願望，於是到最後，所有曾經擁護他的人聯合起來把他推翻。至於王莽個人是偽君子、是兩面派還是宣傳家，就留給大家再思考判斷吧！

誰主神器

六月己未，即皇帝位。燔燎告天，禋於六宗，望於群神。其祝文曰：「皇天上帝，后土神祇，眷顧降命，屬秀黎元，為人父母，秀不敢當。群下百辟，不謀同辭，咸曰：『王莽篡位，秀發憤興兵，破王尋、王邑於昆陽，誅王郎、銅馬於河北，平定天下，海內蒙恩。上當天地之心，下為元元所歸。』讖記曰：『劉秀發兵捕不道，卯金修德為天子。』秀猶固辭，至於再，至於三。群下僉曰：『皇天大命，不可稽留。』敢不敬承。」於是建元為建武，大赦天下，改鄗為高邑。——《後漢書》

誰主神器

西元二五年八月五日，也就是劉玄更始三年六月二十一日，在今天河北省柏鄉縣的北面，出現了一個黃土築起的平臺。在這個臺上，劉秀宣佈即皇帝位，改元建武。在歷史上，這一事件就標誌著東漢政權的開始。但在當時，這是一個並不太顯眼的行動，因為在劉秀之前，自稱皇帝、自稱王的已經有好多人。而且，劉秀為了要不要在當時宣佈當皇帝的問題，猶豫了整整半年時間。在部將不斷地勸導下，他才答應舉辦這個儀式。當然，在東漢的時候，這個地方就成了「革命聖地」，改名為高邑縣，具體的登位地點則被命名為千秋亭。

為什麼劉秀要猶豫那麼長時間？王莽政權覆滅以後，當時的形勢就像秦朝滅亡以後一樣，各路兵馬都起來了，人人都想當皇帝。劉秀的對手中，有一個人曾經是王莽的手下，名叫李憲，自稱淮南王，後來又自稱天子；河北邯鄲一帶，有一個算命先生出身的王郎，自稱是漢成帝的兒子，起兵稱帝；勢力比較大的還有在今天四川一帶的公孫述，自稱皇帝；漢朝宗室的梁王劉永，在今天河南商丘一帶，也自稱皇帝；張步占據了今天山東大部分，自稱齊王；赤眉軍找到一個據說是漢朝宗室後代的放牛娃劉盆子，擁立他為皇帝，占據了漢朝的首都長安一帶，後又取代了更始帝；隗囂占據了天水郡，也就是今天甘肅省的南部、東部一帶，自稱西州上將軍；竇融占據了河西走廊一帶，自稱河西大將軍；盧芳占據了甘肅北部和寧夏一帶，自稱上將軍、西平王，後又投靠匈奴，也自稱皇帝；漁陽太守彭寵以今天北京一帶為基地，自稱燕王；在南陽，秦豐自稱楚黎王；在漢中，延岑稱武安王，後來又進入了南陽盆地。所以，劉秀稱帝的時候，除已滅了王郎基本上把河北境內平定了以外，比他實力強、兵力多、影響廣的人還有得是。

劉秀有沒有優勢呢？他是漢朝的宗室。但是在漢朝的宗室中，劉秀的地位是相當低的。那時候有多少漢朝宗室呢？光是漢高祖劉邦的後代，就有整整十萬以上。也就是說，劉秀不過是這十萬分之一，而且他是漢高祖的第九代孫子，實際上到了第六代長沙定王劉發以後就一代不如一代。劉秀的父親只做了一個小小的縣令，並且在劉秀九歲的時候就死了。像劉秀這樣關係的宗室，那可以說何止千萬，所以這一點上劉秀並沒有太多優勢。

漢光武帝

劉秀還有一張牌，就是據說在當時流傳的圖

讖裡有這麼一段話：「劉秀發兵捕不道，四夷雲集龍鬥野，四七之際火為王。」意思是現在劉秀出兵，把那些無道之人都消滅掉，然後得到各方面支持回應，最後取得勝利。問題是，這樣的圖讖當時多得很。他的對手也會製造這些東西，而且其實誰都明白，在當時要做成什麼事，都要造輿論。比如秦朝末年，陳勝、吳廣要起兵也是這樣，在帛上寫「陳勝王」然後將帛塞入魚肚，以此作為預示陳勝取天下的「徵兆」，所以這一套其實誰都明白是怎麼一回事。既然這樣，劉秀為什麼下定決心要做皇帝呢？其實，在客觀上也是受到他部將的推動。其中有一位名叫耿純的部下把話講得最明白，他說：「我們之所以拋棄家庭，背井離鄉，跟著你在刀林箭雨中打仗，為的是什麼？還不都是為了攀龍附鳳嗎？就是希望你完成統一大業，我們人人都可以得到好處，現在你老是遲疑不決，不肯做皇帝，那麼一旦人心散了，就收不起來了。大家看到跟著你沒有出路的話，就會投奔其他人。」劉秀明白了，他如果不把統一、不把當皇帝作為自己的目標，那些其他的優勢都起不了什麼作用。因此，劉秀就把統一作為自己的目標，正因為這樣，後來他才開創了東漢王朝。

在劉秀的對手中，對他威脅最大的、也最有可能阻擋他統一大業的有三個人，第一個是竇融，第二個是隗囂，第三個是公孫述。這幾個人究竟具有什麼實力，劉秀最終又是怎樣完成他的統一大業？

先說竇融。竇融是西漢時候外戚竇氏的後代。西漢的竇嬰，是竇太后家裡的人，這一支竇氏一直綿延不斷，竇融自稱是竇嬰的後代。竇融的高祖父當過酒泉、張掖的太守，叔祖父曾經做過護羌校尉，堂弟當過武威太守，竇氏在河西有很深的人脈、很大的影響。竇融也是左右逢源，他在王莽執政的時候做過王莽的部將，後來因為有軍功被封為男爵，他的妹妹做了大司空王邑的小老婆。竇融在長安城裡也是整天結交那些貴戚，很有影響。等到後來王莽去鎮壓各地叛亂的時候，他也參加了著名的昆陽之戰，因為有功勞，還被封為將軍。王莽覆滅以後，他又投靠了更始政權的大司馬趙萌，趙萌封他為鉅鹿太守，也是年俸二千石的官了。

但竇融深知天下大局未定，鉅鹿在今天河北省的中部，是兵家必爭之地，他不願意攬這個活，所以拚命盯住趙萌，一天到晚去趙萌那裡遊說，要趙萌改封他到河西去。果然，趙萌封他為張掖屬國都尉，跟郡太守職位差不多。他回到河西，如魚得水。一方面，他趕快把全家老少都接回河西，因為在長安不安全。另一方面，竇融利用他們家在河西的影響，聯絡了河西的幾位太守。河西的大多數太守都支持他，於是他就宣佈自己擔任河西大將軍。有兩位太守不願意支持他，但勢單力孤，只能掛冠而去。竇融成為了河西實際上的軍政首領。

這個時候，隗囂已經在天水一帶穩定了自己的勢力。也就是說，在西漢原來的首都長安以西，有兩個主要的勢力，一個是隗囂，一個就是更遠的河西的竇融。當時的隗囂，一方面不敢也不想由自己來完成統一，但另一方面又希望維持割據的局面。所以隗囂就派他的謀士去聯絡竇融，大意就是說，現在天下未定，我們就保持這樣的局面，將來好的結果，可以像戰國時候的諸侯一樣割據，即使做不到這一點，也可以像秦朝滅亡以後趙佗占領嶺南一樣割據自保。他的意思很明白，就是希望竇融在實際上支持他，跟他一樣不服從漢朝，就維持這樣一個割據的局面，以便將來有機可趁。但是竇融審時度勢，覺得這個時候的形勢跟戰國時候根本不同，他認為劉秀是最有可能統一全國的，所以決定效忠劉秀。建武五年（西元二九年），竇融派人帶了大批戰馬和他的親筆信獻給劉秀，向劉秀表示效忠的意願。

劉秀知道河西基本上沒有受到戰亂破壞，實力強大，竇融主動來效忠，當然非常高興。但是他也深知，公孫述跟隗囂夾在中間，所以他既要講清楚當時的形勢，又要穩住竇融。劉秀寫了一封非常明白但是又用意深刻的信，並且在上面蓋了皇帝的玉璽，所以稱為「璽書」。這封「璽書」送到河西以後，內容一公佈，就引起了很大震動。在這封「璽書」中，劉秀直截了當地點明了形勢：「現在益州有公孫述，天水有隗囂，如果蜀漢相攻的話，決定權在你竇將軍，你舉足輕重。你支持什麼局面，就可能出現什麼局面。我劉秀對你是非常重視的。這是一個千載難逢的機會，到底是三足鼎立還是統一，決定權都在你。我劉秀儘管現在勢力還不是很強，但是如果你支持我，這是一個非常大的功績。」當然劉秀也不排除竇融本身也有取得勝利的可能性。最後，劉秀講「王者有分土，無分民」，就是說自己要是統一了的話，可以對有功人員分土，封他們為王、侯，但是絕不會分民，就是國家是不許分裂的，所以請竇融自己決定。

竇融感到自己只有一條路，那就是服從劉秀助其完成統一，所以就上書表明立場。他說：「我雖然知識不多，但是我知道利害關係。所以我不會在這種複雜的局勢面前再有什麼改變。」他為了表示自己的忠誠，派他的親兄弟竇友跟隨使者去見劉秀，實際上也就是把自己的親兄弟交給劉秀做人質了。

等到隗囂公開背叛漢朝的時候，竇融一方面寫信給隗囂進行規勸、譴責，另一方面又對五郡的兵馬做了充分準備，請示劉秀什麼時候出兵，要求配合。劉秀為進一步鞏固和竇融的關係，專門把漢朝外戚的世系表做成複製品，加上《史記》裡面跟他們竇氏祖先有關的《五宗世家》、《外戚世家》還有〈魏其侯（竇嬰）列傳〉等內容，作為禮品賜給竇融，正式承認他是漢朝的外戚，是親戚關係，又派專使到扶風去祭掃竇融父親的墓。劉秀對竇融這種格外的優待使竇融更加堅定地站在漢朝一邊，這也使隗囂兩面受敵。

到了建武八年（西元三二年），劉秀親自西征，竇融就率領五郡的兵馬以及羌族、小月氏等少數民族的幾萬步兵、騎兵，還有五千輛後勤車輛配合劉秀。平定隗囂以後，劉秀封竇融為安豐侯，破例給他四個縣作為封邑，並且大封他的兄弟和部屬。但是劉秀在退兵的時候，並沒有要求竇融跟著他回到內地，而是讓竇融帶領部屬回河西駐守。竇融倒是覺得自己長期帶領重兵守在邊疆對自己的地位不利，幾次要求劉秀趕快讓他入朝。劉秀直截了當地說：「我跟將軍就像左手和右手，你難道就不明白我的心意嗎？你現在好好管理軍民，不要擅離職守。」

什麼道理呢？因為還有公孫述。公孫述還在巴蜀、漢中，所以等到公孫述最後的據點成都被攻克後，竇融和其他幾個郡的太守立即收到了劉秀的命令，要求他們趕快到京城來上奏。竇融等人一到洛陽的城門，就主動把自己所有的印綬統統上交。劉秀把其他的官印都收了，只還給竇融一個，即只有俸祿沒有實權的安豐侯的侯印，並且封他為冀州牧。冀州在什麼地方？在今天河北一帶。但是劉秀很快又改封竇融為地位最高但沒有任何實權的大司空，大司空是官職的首位，舉行重大儀式時站在最高處，但是沒有什麼具體的職權。為了酬謝竇融的忠誠以及他的功勞，竇氏一門也受到極大的優待。竇家出了一個公爵、兩個侯爵，還有三個人娶了漢朝的公主，四個人被封為年俸二千石級別的高官。到了後來，也就是東漢第二個皇帝時，竇家的子孫已經有一點驕縱不法了，幹了不少壞事，但是竇融還是受到皇帝的禮遇，以七十八歲高齡善終。

應該講竇融是很識時務的，竇氏家族始終是東漢的一個大族，子孫榮華富貴，更重要的是，由於竇融採取了順應時勢的措施，使河西地區免除了戰爭的破壞，也使東漢從一開始就掌握了連接中原跟西域地區的走廊。西漢曾經在漢宣帝的時候通過河西走廊把漢朝的疆域一直擴展到中亞，東漢時期又幾度恢復了這樣的統治範圍，其中一個重要的原因就是河西走廊始終在東漢的控制之下。相反地，安史之亂以後以及唐朝後期，河西走廊幾度失守，到了宋朝則再也沒有辦法控制西域。可以毫不誇張地說，如果河西走廊失掉了，那麼中國的版圖就改變了，從這一點上講，竇融的貢獻還是很大的。

其他人情況就不是這樣了。

我們看看隗囂，其實隗囂個人的品德非常好，大家都稱他為忠厚長者。他也不能說不識天命，在相當長的一段時間裡，他也都是順應潮流的。由於他個人的聲望很高，因此在天水這一帶得到大家的擁護，在反抗王莽的過程中被推舉為西州上將軍。他做了西州上將軍以後，聽從謀士的計畫，始終打著擁護漢朝、恢復漢朝的旗號。隗囂曾舉行隆重的儀式祭漢高祖、漢文帝、漢武帝，跟部下一起發誓要「興輔劉宗，恢復漢朝」。他在向全國發表的討伐王莽罪行的文告中使用的年號就叫「漢復」，恢復漢朝的「漢復」。後來更始政權建立的時候，讓隗囂到長安去，因為更始政權也是劉姓，表面上恢復了漢朝，有一個謀士反覆勸隗囂不要去，隗囂卻一定要去。到了長安以後，隗囂的兩個叔叔曾經策畫要逃回天水，隗囂大義滅親揭發了他們，使得兩個叔叔被殺，所以隗囂實際上在一開始並不想自己割據，是希望能恢復漢朝的。後來，一批漢朝的宗室以及更始帝手下的那些大臣眼看更始帝勢單力薄，根本沒有辦法站住腳，所以想要劫持更始帝離開洛陽，隗囂也參與其中。不過被更始帝覺察了以後，隗囂不得不逃回天水。

由於隗囂一向謙讓有禮、禮賢下士，所以他回到天水以後，中原特別是關中一帶的很多人都去投奔他。隗囂的勢力一天天壯大，而且還占據著一個重要的位置。天水離西漢首都長安最近，隗囂是最有可能攻克長安的。一個國家的首都如果被誰占領就意味著這個人掌握了主動權，但隗囂沒有這樣做。相反，他配合劉秀讓劉秀的部將占據了長安。可見一直到這個時候，他都沒有想要自己取代漢朝。正因為這樣，劉秀對他也格外重視。劉秀不是把他作為自己的部屬看待，而是給予「敵國」之禮，就是把他當一個對等的政權首領來對待。劉秀給隗囂的信件上，只稱他的字，而不稱他的名，表示不敢把他當自己的臣子。隗囂也配合漢朝控制關中。劉秀親筆給他寫信，以周文王已經擁有天下的三分之二但還是對殷朝很恭敬為例子來讚揚隗囂。隗囂能夠在劉秀為難的時候給予支持，而劉秀也承認自己的勢力還不大，隗囂在擁有三分之二天下權威的時候還肯來侍奉，所以劉秀對他的評價是非常高的。但是劉秀也提醒他，他這麼大的功績將來可以得到很豐厚的回報，不要受旁人挑撥。

這個時候，在巴蜀、漢中一帶的公孫述已經自己稱帝了。他稱帝以後，幾次要從漢中出兵，所以就希望得到隗囂的配合，還封了隗囂一個扶安王。隗囂自以為跟公孫述本來是平起平坐的就不肯接受，非但不接受，而且把公孫述的使者也殺了，又派軍隊去攻打公孫述，使公孫述沒有辦法北上去對抗劉秀。劉秀知道他們這個事件以後，當然非常高興，就派原來是隗囂朋友的部將去勸隗囂，勸他不妨入朝，到洛陽來朝見。照理說，隗囂既然不想割據，那就應該早一點歸順劉秀，但是這個時候他的本性暴露出來了，儘管他知道漢朝恢復是大勢所趨，但是看到別人一個個自立，又不願意放棄割據的地位，所以他猶豫了。隗囂的部將也勸他自立，所以他找了藉口不願意入朝，只在表面上再三謙讓。劉秀又派人來要隗囂把兒子送到朝廷去，其實就是希望他把兒子送到朝廷做人質，保證他不再變心。當時隗囂得知劉秀已經把後方都平定了，心裡害怕，最終還是把兒子送去了。隗囂就是在猶豫不決中一次次喪失了時機，而且一次次被劉秀所控制。

但是，隗囂的部將還是不停地勸說他，至少要做一個割據的霸主。所以，隗囂一方面把兒子送去，但實際上又不願意真正服從。在這樣的雙方交往中，由於隗囂手下有很多謀士的文學水準很高，所以每次給劉秀寫的信件都文情並茂，劉秀對他的回信也是字斟句酌。雙方都在打心理戰、打政治戰，在爭取人心、為自己的立場張目。但是此時的劉秀心裡已經很明白了，實際上隗囂是不願意歸順的，他是「欲持兩端，不願天下統一」，於是劉秀就降低了給他的禮儀規格，跟他明確了君臣關係。

降低規格以後，隗囂其實敗局已定。因為他既不敢自立，也不願意依附公孫述，又不願意真正服從劉秀。隗囂一方面找了一批文人，咬文嚼字，寫出很得體的文章為自己的立場辯解。另一方面，他又自我陶醉，既不解散軍隊，也不停止演習。他好像要用低姿態博得劉秀對他的信任，而劉秀要出兵的時候，他非但不配合，還派兵阻止。

等到建武六年（西元三〇年）關中平定以後，公孫述對劉秀已經沒有什麼威脅了，劉秀還是希望能夠和平解決隗囂的割據，多次派人送信，要求他趕快採取行動。雙方文書的來往又進行了一段時間，但是在這個時候，發生了兩個偶然事件。一個是隗囂的特使周遊經過漢朝將領屬地的時候被仇家殺害了，因為是在漢朝將領的屬地出事，隗囂當然要懷疑是不是漢朝故意殺他的特使。巧合的是，此時又發生了另一件事，漢朝派出去賜給隗囂珍寶的特使也在路上遇到盜竊，劉秀賜予的珍寶全被偷了。這兩件事碰在一起，又激化了衝突。

隗囂到底是不是想背叛漢朝呢？其實沒有。他從來沒有主動進攻過漢朝，也沒有占有已經被漢朝占據的一寸土地。他不願意打公孫述，主要是想保存自己的實力。但是從劉秀方面來看，如果聽任這種局面存在下去，不僅公孫述消滅不了，而且隗囂在他的部將唆使下遲早會對漢朝採取行動。所以劉秀一方面親自進駐長安，另一方面派七位將軍繞到隴坻（今天六盤山的南段）去進攻公孫述。隴坻是一個很險要的關口。隗囂得知這個情況後，就派人用木頭堵死了隴坻。接下來，隗囂還派兵進入關中把漢朝的軍隊趕了回去。到了這個時候，隗囂知道衝突已經不可避免，但他還想玩弄手段，他派人向劉秀謝罪說：「我的部下看你們大軍突然來了，急於自保，我禁止不了，所以得罪了你們，實際上我是不敢的。古代的時候，虞舜對父親很孝順，所以父親稍微打他幾下，他都忍受著，實在打得疼了，他就逃。我現在不過只是這樣，我們之間有一些衝突，但我是不會改變的，所以希望你給我一個洗心革面的機會。」劉秀已經看透了他的把戲，當時大家都說，隗囂這麼不講道理，把他兒子殺了算了，但是劉秀沒有殺，同時又給隗囂一個最後通牒，劉秀說：「你是文官，應該懂道理，所以我給你寫信，話講太重了顯得不客氣，但是講輕了又解決不了問題，我現在就直截了當，你自己做出選擇，如果真的表示歸順的話，就把你另一個兒子再送來，我可以保全你，而且後福無窮。我帶兵打仗已經十年，快四十歲了，很討厭那些虛文縟節。如果你願意就採取行動，不願意就連回信都不必了。」隗囂知道自己的圖謀又被劉秀識破了，就派人向公孫述稱臣，跟劉秀的關係徹底破裂了。

建武七年（西元三一年），公孫述封隗囂為朔寧王，派軍隊聲援，但是實際上隗囂一次次喪失時機，此時已經沒有任何軍事上的優勢。隗囂兩次進攻漢朝軍隊，都無功而返。而劉秀發動了新的政治攻勢，把隗囂手下的大將王遵策反過去了。王遵到了漢朝受到重視，重視到什麼程度？劉秀出兵的時候，讓王遵在後方統領部眾。王遵知恩圖報，又把隗囂手下的十三個將軍還有十六個縣城統統爭取過來，隗囂成了真正的孤家寡人，只守住兩座小小的縣城。

這個時候，劉秀做了最後一次爭取，給隗囂寫信說：「你這個時候投降還來得及，我保證封你為王或者侯。」隗囂又一次拒絕，於是劉秀殺掉了隗囂當人質的兒子，然後留下軍隊包圍這兩座小城，自己退兵了。

一個多月以後，隗囂倚重的部將楊廣病死，隗囂已經幾乎山窮水盡，但是他個人的魅力還是很強，那些堅持下來的部屬始終對他忠心耿耿。一位名叫王捷的將領登上被包圍的城牆，對著漢朝的軍隊說：「我們決心跟著隗王戰鬥到底，不會改變。你們圍著也白圍，我們所有的人都會堅持，為了表示對漢朝軍隊的蔑視，我自殺。」隗囂的部屬一直堅守到巴蜀的援軍到達。漢朝軍隊糧食吃完了也沒能破城，即解圍而去，之前占領的郡縣統統又重新效忠於隗囂。

但這個時候，因為連年征戰，已經造成了大饑荒，哀鴻遍地，連士兵都沒有飯吃了。隗囂在這個空城裡又病又餓，不得不出城去尋找雜糧，最後還是病死、餓死了。不過隗囂的部將還是擁立隗囂的兒子擔任首領，繼續抵抗漢朝，直到城池被攻陷才投降。

隗囂不能說他一無是處。他個人品質的確很不錯，一直到最後危難關頭都有人為他殉葬，有人願意自殺報答他，還願意支持他的兒子。但是隗囂是逆流而動的，他其實也具有跟劉秀爭奪的資本，但在軍事上、政治上、社會聲望上都很有利的時候，他不想也不敢去擔當統一的大任，相反，在對他不利的時候，又想割據自保，不願意服從劉秀的統一，所以導致了他個人的悲劇，也造成了生命財產的巨大損失。

還有一個也是劉秀最難對付的，就是公孫述。公孫述占據著非常有利的地勢，他的根據地是當初漢高祖劉邦對抗項羽的基地——漢中、巴蜀，也就是今天的四川、重慶的大部分和秦嶺以南的漢中地區，可以說公孫述直接威脅著長安。從地勢上講，如果公孫述控制了關中，就可以進一步威脅到東漢的首都洛陽。往西北的話，公孫述可以聯絡隗囂和河西走廊的竇融，如果連成一片，就控制了漢朝的西南跟西北，這一帶在戰亂期間受到的破壞一般比較小，而且可以吸收大批中原的難民、流民，還可以動員周邊少數民族的兵力。

公孫述倒是跟隗囂不同，他從一開始就在做皇帝夢。他本來是王莽手下的地方官，王莽倒臺以後，他就自己占據益州，自稱蜀王。據說在夢中有人跟他講了八個字，「八ㄙ子系，十二為期」，他一看，八下面一個ㄙ，加在一起不就是一個「公」嘛！子旁邊一個系，不是「孫」嘛！那不就是「公孫」嘛！「十二為期」，公孫述認為就是他做皇帝的年數。所以他醒來以後，跟他老婆講：「我這個命倒是很貴的，可惜時間太短了，就十二年。」他老婆大概也念過一些書，說：「孔夫子不是說，朝聞道，夕死可矣。早上悟出了道，晚上死也心滿意足了，何況你還可以有十二年呢，不錯啊。」於是公孫述就大造輿論，說神龍曾經在他的大堂現身，晚上大放光芒，為了證明這一點，他還在自己手掌上刺了「公孫帝」三個字。公孫述於是就自立為天子，代表顏色用白色，因為他算下來用白顏色比較吉利。趁著劉秀無暇旁顧的時候，公孫述向南進一步控制了今天的雲南、貴州一帶，可惜公孫述的軍隊很不爭氣，兩次從長江順流而下，居然沒有在長江中游占據任何城市。另一方面，他在成都關起門來，建宮殿，造十層高的大船，還預先刻好了全國各地的公章，準備將來得了天下以後就分封。

戰場上打不出名堂來，公孫述就搞意識形態，讓大家來論證他取得政權的必然性，這個手段就是製造所謂圖讖預言。他說孔子在《春秋》裡定下來魯國十二公，這就意味漢朝有十二個皇帝，現在十二個皇帝結束了，接下來當然就要輪到他了，又找了一批文人幫他引經據典。他之前聲稱手上有公孫帝三個字，神龍也出來了，就把這些內容也寫成宣傳小冊子，散發出去，一直散發到劉秀統治的地區。偏偏劉秀也非常信這些東西，所以十分重視，親自給公孫述寫信。寫了什麼呢？劉秀說公孫述對公孫兩個字的理解是錯誤的，公孫不是指他，而是指漢宣帝，因為漢宣帝是漢武帝的曾孫，漢宣帝傳下來就傳到我們了，所以還是漢朝劉姓子孫繼續做皇帝，不是你公孫述啊。劉秀還說：「你這套把戲是當初王莽玩過的，你不要玩這套。」劉秀又對公孫述的處境表示理解，說：「任何人處在你的地位都會這樣割據自保，所以我並不怪你。你現在歲數也不小了，老婆孩子又沒有什麼勢力，最好不要再這樣幹下去。」劉秀做了這番表達以後，又明確發出警告，說：「天下神器，不可力爭。」什麼意思？因為當時人都很迷信，劉秀認為天命在自己手裡，所以說天下的神器是沒有辦法通過自己的力量去搶爭的，要公孫述看清形勢三思而行。很有趣的是劉秀給公孫述的信後面自稱「公孫皇帝」。因為劉秀也信這一套，他認為真正的公孫皇帝是自己，而不是公孫述。

劉秀統一的目標是很堅定的，既然勸諭無效，就採取武力進攻。此時的公孫述其實並沒有什麼抵抗的能力，他又滿足於關起門來稱王，喪失了不少時機，等到劉秀把其他割據政權一個個消滅後，他就成為了最後一個目標。在這種情況下，公孫述反而聽信了部將的意見，要出兵對抗劉秀。他出兵進攻天水，但是不堪一擊。他又想從東面進攻，結果也沒有辦法對付漢朝的軍隊。此時的公孫述不是進一步想辦法，反而關起門來做皇帝，分封兩個兒子做王，重用自己的族人，這就引起大臣們的普遍不滿。

到了建武十一年（西元三五年），漢朝軍隊節節勝利，長驅直入，前鋒已經到達武陽，就是今天四川的彭山。劉秀再一次勸降，給公孫述寫信重申了對他的寬大和保證。公孫述看了以後，有一點觸動，就把信給自己的親信看，親信也勸他趕快投降。可是這個時候公孫述又變了，他說：「哪有投降的天子啊，我是皇帝怎麼能夠投降呢？」他這麼一說，左右也就再也不敢跟他商量投降的事了。面對壓境的漢軍，公孫述只能採用暗殺的手段應付。他派武士暗殺了漢朝兩個將領，漢朝也殺掉了他的弟弟和女婿。漢朝有的是將軍和軍隊，所以繼續進攻。公孫述眼看守不住了，就警告大臣將軍們誰要是投降、逃跑就滅族，但是即使這樣也阻止不住。

這個時候，公孫述又突然想到了算命，他一翻算命書，上面說「虜死城下」，即強盜會死在城下面，於是就帶領軍隊出戰，結果當然是不堪一擊，自己也被殺死了。如果講一句迷信的話，這個強盜不是指漢朝軍隊，而是公孫述自己。漢朝軍隊把公孫述一家老幼全部殺光，把宮殿全部燒光，並把公孫述的頭割下來送到洛陽。

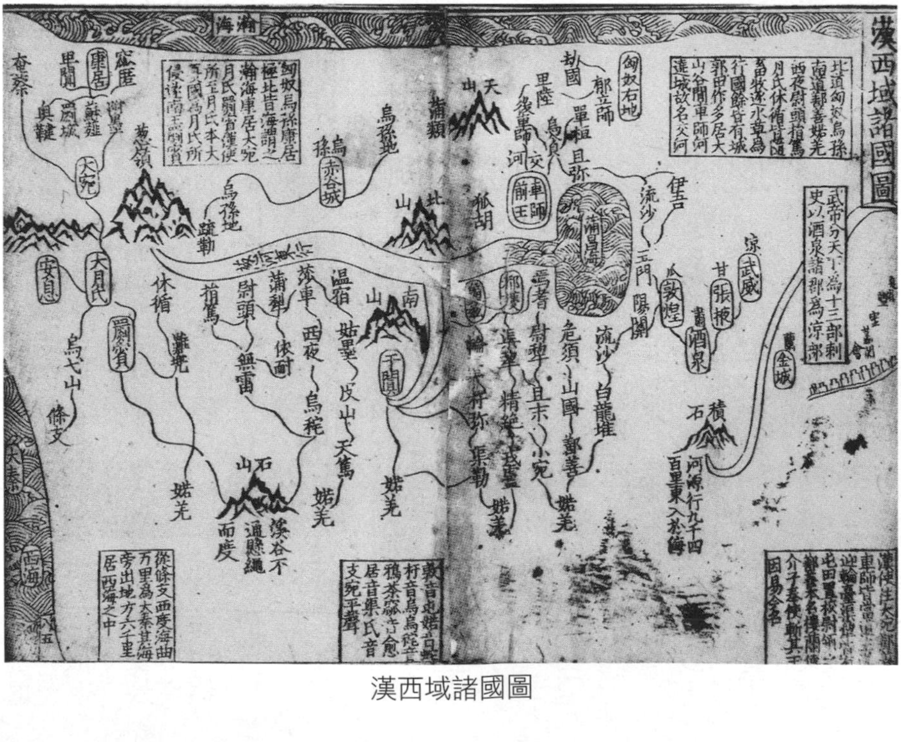

漢西域諸國圖

正像劉秀所指出的，公孫述在當時割據占領這一帶是環境使然，沒有什麼了不得的事，如果他審時度勢及時歸順劉秀，應該講最後的結果不會在竇融之下。反過來，如果公孫述真的想統一全國，也不是完全沒有這個實力，而且一定程度上要比劉秀基礎好。劉秀在河北起兵，沒有鞏固的後方，他是隨著自己的南下一步步擴大、一步步鞏固的。公孫述從一開始就有漢中、巴蜀以及西南地方，有非常穩固的基礎，進可以攻，退可以守，但是公孫述從來沒有過真正要一統天下的打算。他想進攻，卻一出兵就失敗，雖然刻好了全國各地的官印，可是一個都沒有用上，在這樣的情況下，又不願意投降，一次次寄希望於虛無縹緲的圖讖，甚至最後靠算命的書來判斷自己的勝負。所以像公孫述這樣的政權，它的苟延殘喘徒然增加了百姓的損失，不僅公孫述自己全家被殺，而且還連累了巴蜀一帶的百姓，使成都遭到了巨大的破壞。公孫述跟隗囂一樣，既不想統一也沒有這個實力去統一，但又要抗拒統一，所以他們落得同樣悲慘的下場。無論他們個人品質多高尚，無論有多少冤屈，從歷史的評價來看，都是無足掛齒的。

到了建武十二年（西元三六年）的元旦，洛陽的宮殿裡舉行了盛大的朝會。站在朝會最前列的，就是竇融，這位當初一度割據自保的地方首領已經成了東漢名義上的最高長官。竇融不僅保全了自己，更重要的是為漢朝保全了河西走廊。相反，其他的割據者，無論是隗囂也好，公孫述也好，還是其他人，都得到了應有的下場。

漢魏禪讓

袁宏《漢紀》載漢帝詔曰：「朕在位三十有二載，遭天下蕩覆，幸賴祖宗之靈，危而復存。然仰瞻天文，俯察民心，炎精之數既終，行運在乎曹氏。是以前王既樹神武之績，今王又光曜明德以應其期，是曆數昭明，信可知矣。夫大道之行，天下為公，選賢與能，故唐堯不私於厥子，而名播於無窮。朕羨而慕焉，今其追踵堯典，禪位於魏王。」——《三國志》

漢魏禪讓

大家都很熟悉三國的歷史，但可能忽略了其中一個細節，那就是漢獻帝是如何傳位給曹丕的，為什麼曹丕登基要採取接受禪讓的方式。

相傳在堯做天下首領的時候，把自己的位子讓給了部下舜，而舜以後又因為大禹治水有功而讓給了禹，這就是禪讓。但是到了後來，從大禹的兒子開始就「家天下」了，即自己的位子都傳給兒子，所以禪讓就成了一個遙遠的傳說，已毫無實際意義。不過，後來那些掌權的權臣跟軍閥經常會利用禪讓來表演。為什麼？因為儘管他們完全有實力殺掉傀儡皇帝，自己做皇帝，但是從理論上講，即使殺了這個皇帝，還得在皇族裡面找人繼承，否則總是反對派的一個口實。只有讓皇帝乖乖把權力交出來，才名正言順。這樣一來，傀儡皇帝就成了像堯、舜一樣的聖君，而自己也成了得天下的明主。歷史上一次一次演出過這樣的鬧劇，演得最精彩的、記載得最詳細的就是魏文帝曹丕了。

曹丕是怎樣演接受「禪讓」這齣戲的呢？一開始是要製造祥瑞。實際上曹丕之父曹操就已經掌握了漢朝的全部權力，他本來完全可以做皇帝，但是他沒有。曹操讓漢獻帝封他為魏王，並且使用天子同等的儀仗，但他沒有走這最後一步。孫權曾經派人給曹操送過一封信，勸他做皇帝，曹操跟周圍人說：「這小子要把我放在爐火上烤。」曹操沒有接受這一建議，因為他知道條件還沒有成熟。曹操死後，到了他兒子曹丕的時候，曹丕認為時機成熟了，所以首先就要造輿論，要製造各種祥瑞。所謂祥瑞，就是吉祥的標誌、預兆。什麼標誌呢？首先是聲稱在曹操的故鄉譙縣，即今天的亳州市，出現了一條黃龍。這條黃龍據說早在東漢熹平五年（西元一七六年）就已經出現了，所以當時有一位太史就預言以後這個地方要出皇帝，「必有王者興」，並說過五十年之後黃龍會再出現。有一個叫殷登的人記下了他的話。這可是大事，殷登作為見證人宣佈，之前已經有人預言，現在黃龍果然又出現了。接著不少地方就紛紛報告祥瑞了。饒安縣報告見到了白雉，就是白顏色的野雞。到了八月份，石邑縣又報告看到了鳳凰。有一個叫李伏的人，原來是張魯的部下，張魯投降曹操的時候，他也跟著張魯投降了。當初漢朝要封曹操的時候，張魯手下人都說肯定要封王了，也有人說不會。李伏就預言，要到曹操的兒子曹丕的時候才能實現改朝換代。李伏說：「我是張魯的部下，歸順時間不長，我把這個話早點跟你們說呢，你們會說我是拍馬屁。另外，我也有點害怕，所以一直忍到現在才說。現在我看到這麼多的祥瑞都出現了，我有責任把這樣的預言向大王報告。」

李伏講了這些話以後，馬上有一批大臣向曹丕上書。大臣們說：「從最近的情況看來，李伏的預言是完全準確的。堯得天命的時候，北斗星前面四顆星的位置發生了變化。周武王準備與商紂王打仗的時候，一頭赤鳥銜來了捷報。漢高祖劉邦要出生的時候，他的母親得到了神的預示。現在漢朝衰落的徵兆已經好幾代了，天下大亂到現在已經有二十多年，總算老天有靈，讓聖人誕生來解救苦難，所以老天通過各種符讖來預告天命在您這裡。您繼位不到一年，就出現了這麼多的祥瑞，原來不服從的老百姓現在爭先恐後地歸順，自古以來典籍上從來沒有記錄過這樣的盛況，我們怎麼能夠不歡欣鼓舞呢！」但曹丕怎麼回答呢？他說：「我的德行不夠，這些都是我父親的德行感動上天才出現的。」

到了建安二十五年（西元二二〇年）六月二十六日，曹丕率領大軍南征去打孫權。實際上當時並沒有什麼軍事上的需要，因為孫權跟曹氏之間的界線都比較穩定。曹丕為什麼要帶軍隊出征呢？其實，曹丕真正的想法是利用這支軍隊起到威懾的作用。同時，他只有牢牢掌握軍隊，才可以進行禪讓的準備。到了七月二十日，曹丕的軍隊到達了他的老家譙縣。曹丕在城裡宴請故鄉的父老和將士，還下令免除當地兩年的賦稅。經過這一番巡遊，曹丕在十月初四回到了首都許昌附近，但他沒有回首都，而是帶著軍隊駐在首都附近。眼看輿論造得差不多了，掌管天文曆法的官員——太史許芝在十月初九正式向曹丕報告經過長期研究得出的結論，那就是魏要代漢的讖緯。什麼叫讖緯？其實就是一種半明半暗的預言。據說這種讖緯一直都有，但往往是到了需要利用它的時候，才有人把它公佈、解釋。像今天一樣，經常會流傳一些預言，但這些預言往往只有事情過了之後才說早就有這個預言了。真正要預先公佈出來並且靈驗的，恐怕大家還沒有看到過。

當時預言很多，而且千奇百怪，其中有幾句寫得很妙。比如有一句講：「日載東，絕火光，不橫一，聖聰明，四百之外，易姓而王。」日載東，上面一個日，下面一個東，再絕火光，就是當時寫的隸書裡的「曹」。不橫一，一個不，下面一橫是什麼？「丕」。合起來那就是曹丕。曹丕就是聖人聰明。然後「四百之外，易姓而王」，即四百年以後要改姓了。漢朝從劉邦開始到那個時候差不多就是四百年。還有的說「漢以蒙孫亡」，就是漢朝到了蒙孫就要亡了。蒙孫是誰呢？就是指不是皇后生的、不是嫡傳的孫子，這個人就是漢獻帝。因為漢獻帝不是皇后生的，是以妃子的兒子繼位的。其實這些話都是編造出來的，為了造輿論，又把它說成是預言，就是想讓大家相信曹丕稱帝的合理性。許芝做了這一番論證以後，說現在歲星已經出現在大梁的位置，大梁就是魏國的地方。除此之外，像黃龍、鳳凰、白虎、甘露、醴泉，還有各種神獸，各種最美好的徵兆都出現了。許芝還說漢高祖入咸陽的時候，出現的歲星跟今天差不多，所以改朝換代的時間到了。儘管許芝論證得天衣無縫，但是曹丕還是斷然拒絕。

曹丕下了命令，說：「當初周文王已經占有天下的三分之二，還向殷朝稱臣，得到孔子的讚揚。周公實際上行使了君主的職權，但完成使命以後，還要把權力歸還給成王，所以受到《書經》的稱頌。我的德行雖然遠不如這兩位聖人，但怎麼能忘記『高山仰止』的道理呢？」他又說：「我的德行簡直薄極了，地位也是鄙極了，只是生逢其時，有幸繼承先王留下的事業，但沒有使天下都受到恩澤，所以雖然已經傾盡了倉庫裡的所有來救濟魏國的百姓，但是還有人受凍，還有人挨餓，我深夜都感到擔憂恐懼，不敢稍有懈怠。只求能夠像現在這樣太太平平地終老，使魏國能夠保全。我死了以後去見先王的時候，也會感到沒有辜負他老人家的託付。儘管這麼多的祥瑞出現，但一次次只能增加我的不安。」曹丕還宣佈，他曾經寫過一首詩，這首詩大意說，戰亂紛紛已過十年，白骨纍纍縱橫萬里，可憐的百姓還能靠誰？我要輔佐漢朝治理天下，功成以後交還政權辭職回鄉。他說：「我一定遵守我的誓言，絕不說假話。我要明白地告訴天下，使大家知道我的心意。」

曹丕雖然發佈了這個命令，但是大臣們繼續熱情勸進。司馬懿等人上書說：「有作為的大人物，做的事情不違背天意，事後也要尊重天時，舜和禹看到天時已到，所以沒有謙讓，因而使百姓及時受到救濟，萬物普遍獲得恩惠，現在四面八方、全國上下都殷切地期望著您登大位，上天在保佑您，神都在為您盡力，天下十分之九都已經歸順了您，您的地位遠遠超過當初的周文王，要是再不接受，我們實在於心不安。」這樣懇切的話也沒有打動曹丕，曹丕的回答更加明確，他表示自己絕不信從假話，而是要學習聖賢的品德，說：「常言道『三軍可奪帥，匹夫不可奪志』，我這樣的志向難道是可以奪走的嗎？」

曹丕的話如此斬釘截鐵，好像已經沒有迴旋的餘地了，怎麼辦呢？這齣戲還得演下去，這個時候就需要一個至關重要的人物——傀儡皇帝漢獻帝上場了。兩天以後，漢獻帝正式向魏王曹丕下了禪位的詔書，並且派御史大夫張音作為皇帝的專使，帶了皇帝的玉璽印綬宣讀漢獻帝的詔書，正式讓位。曹丕怎麼樣呢？他說：「古代堯曾經讓天下給許由、子州支甫，舜曾經要讓天下給善卷、石戶之農、北人無擇，但他們有的回到老家去耕地了，有的託病不出，有的隱居山林讓人家找不到他，或者帶妻子出海終身不再返回，或者把這看成是對他的侮辱而投水自殺了。這些先哲有那麼高的節義，不為富貴所動，因此史書記載下來，流芳百世，我難道還不如他們嗎？我堅決不接受漢朝的詔書，寧可跳東海自殺，你們趕快把這些玉璽印綬歸還，同時佈告天下，讓大家知道我的決心。」大臣們當然知道這是獻忠心的好時候，所以由輔國將軍劉若帶頭，一百二十人聯合上書。劉若是什麼人？他是漢朝的宗室，這就表示連漢朝皇帝的親人都大公無私了。而且他們還「大膽」反駁曹丕的理論根據。他們表示，不管曹丕怎麼反對，他們死也要請求，並且按照原來的計畫，派人整理場地，準備在黃道吉日讓曹丕受命當皇帝。曹丕的答覆依然是堅決否定。這一百二十位大臣理直氣壯再次上書，甚至指責曹丕的做法是「違天命而飾小行，逆人心而守私志」，上對不起上天的關懷和信任，中忘了聖人應該通達的教導，下影響了臣民翹首企盼的熱情。照理說應該差不多了，但曹丕要把文章做足，他又一次推辭，話說得更加懇切，他說：「現在老百姓中挨餓的人還沒有吃飽，受凍的人還沒有穿暖，鰥夫討不到老婆，寡婦嫁不到男人。孫權、劉備尚未消滅，不是咱們唱凱歌的時候，應該秣馬厲兵。對外的戰爭沒有平息，國內的百姓沒有得到安寧，諸位為什麼不能再讓我殫精竭慮把這些事情辦好？讓應有的祥瑞都出現了，到時候再來討論這件事，不是更好嗎？何必這樣苦苦相逼出我的醜呢？」大臣們知道這個戲還得演下去，所以在曹丕十月十八日上書漢獻帝稱自己「無德以稱」並且派人把這些玉璽印綬全部奉還的時候，下一輪表演又開始了。

兩天以後，漢獻帝又下了第二道禪位的詔書。曹丕又上書漢獻帝，把玉璽印綬奉回。到了二十四日，漢獻帝下了第三道詔書，並且命令使者張音不許再將這些玉璽印綬拿回去。到了二十六日，曹丕上書漢獻帝，第三次辭讓，並且請求漢獻帝召回張音。大臣們知道，根據古代的傳說，「三讓」已經結束了，所以勸進的熱情更加高漲，以華歆為首的公卿馬上上表，起草者使出渾身解數講得頭頭是道。到了這個時候，曹丕答覆了：「舜接受了堯的讓位，穿上了他賜給的衣服，娶了他的兩個女兒，是順天命的表現，既然公卿大臣一定要說『天命不可拒，民望不可違』，我還有什麼好推辭的呢？」所以到了二十八日，漢獻帝第四次也是最後一次下了禪位的詔書。尚書令桓階等馬上上奏，說第二天就是太史令選定的黃道吉日，可以登壇受命。曹丕這個時候就批了一個字：「可。」行了！二十九日，曹丕登上了築在繁陽亭的受禪壇。參加儀式的有文武百官和匈奴的首領，總共幾萬人。在完成了這個隆重的典禮以後，曹丕對群臣說：「現在我總算明白禪讓這樣的事了。」

從所謂的黃龍出現到完成受權總共用了七個月的時間，但是從李伏上書開始，這場密鑼急鼓的戲只演了二十幾天。明明是一場假戲，為什麼要演得這麼逼真？在今天看來，可能不能理解，但在當時是非如此不可的，否則曹丕和群臣就不必如此煞費苦心，而且「漢魏故事」也不會在以後的七百多年裡面一次又一次上演。曹氏代漢雖然已是大勢所趨，但是最終能夠順利完成，還是歸功於這場戲的導演與演員。

其實在曹丕的父親曹操的時候，就已經大權在握，牢牢控制了漢獻帝。建安十八年（西元二一三

上尊號碑 拓本

年）的時候，曹操把三個女兒獻給漢獻帝，成為漢獻帝的貴人，也就是妃子。第二年，曹操就找藉口殺了漢獻帝的皇后伏氏。當曹操的部將華歆帶著軍隊進宮的時候，伏氏雖然關著門躲在壁櫥裡面，但還是被抓出來了，她披頭散髮赤著腳，拉著漢獻帝的手，說：「你是皇帝，難道不能救我嗎？」漢獻帝說：「我自己還不知道哪一天死呢。」皇后被殺以後兩個月不到，三位貴人裡就選出一位做了漢獻帝的皇后，漢獻帝就成了曹操的女婿。所以，要殺掉漢獻帝或者把他廢掉，那是再容易不過了。為什麼曹操還有所顧忌呢？因為劉備和孫權還在，要是殺了皇帝，那麼本來政治上的優勢不是一下子就喪失了嗎？曹操也知道，他的兒子曹丕不可能很快地消滅劉備和孫權，只是希望屆時輿論會對曹氏更加有利，水到渠成取代漢朝。正因為這樣，曹丕做的第一件事情就是要製造祥瑞和那些符讖，以證明曹家、魏國和自己已經擁有天命。用一句現在的話說，就是先造輿論，先做意識形態方面的工作。

對統治者來講，製造祥瑞和符讖是相當容易的，因為造出來以後，愚昧無知的人會相信，有智者即使知道是假的，但是又有誰敢揭露真相？所謂祥瑞，一部分事實上是根本沒有的動物，比如龍、鳳凰、麒麟，誰都沒有見過，如果有人說有，那怎麼否定他呢？還有的祥瑞是一些珍稀動植物，比如說白色的野雞，還有靈芝，甚至蝗蟲。蝗蟲可以成災，但是以前認為蝗蟲就是皇帝，蝗蟲出來就是新皇帝要出來了。這樣的所謂祥瑞當然很容易製造出來，而且對老百姓來講，一個地方出現了祥瑞對大家都有好處，比如饒安縣出現了白野雞，曹丕就下令整個縣當年的田租都免掉了，勃海郡也因為有祥瑞全郡的百姓都獲得了賞賜，大家一起吃喝三天，這樣的事誰不願意幹？至於符讖，這些所謂預言的東西比較麻煩一點。那就得依靠知識份子，必要的時候還得爭取學者和大臣的配合，但是這對統治者來講也不是什麼難事，他們完全可以做到這一點。

光有輿論還不行，第二步就要牢牢掌握兵力。所以曹丕表面上南征，實際上他利用這個藉口把兵力都集中起來掌握在自己手裡。他巡視了一圈，使各地安定了下來。他回到首都卻不進城，只駐紮在附近，而且整個受禪的儀式都是在軍營旁邊舉行的，這就從軍事上控制了整個局面，等於當時名義上的漢朝都被他控制了。

曹丕為什麼要搞「三讓」？其實這也不是他的發明。據說以前的聖人不能直接接受，都是要「讓」的。連漢朝的開國皇帝劉邦，最後打敗項羽後，其實已經掌握了天下大權，但是大臣勸他當皇帝的時候，他還表示不敢當，也是讓了三次，最後表示不得已，說：「諸位一定認為這樣做對國家有利，那就當吧！」推來推去，前後花了個把月時間。漢光武帝也讓過三次，時間更長，差不多有六個月。

曹丕能夠把禪讓表演得有聲有色，比劉邦、劉秀都表演得更精彩，也不是偶然的，還有一個因素。因為曹丕是一位才華出眾的詩人、文學家，是著名的「建安七子」之一，他的部下中也有一幫文人學者，這樣一勸一讓，正是他們施展文才的好機會，所以千方百計要把假話寫得非常動聽。實際上曹丕那些話當然也可能是臣下幫他寫的，但是我相信大都是他自己寫的，這也是他的本領，假話說得比真話還動聽。不像漢高祖劉邦動不動自稱你老子「乃公」，動不動罵人，甚至把儒生的帽子拿來當尿壺。曹丕可不是這樣的人，所以他的戲演得非常逼真。如果單獨拿一段話出來，真會被他感動。當然，演戲還得靠其他演員的配合，其中有一個演員很重要，他就是漢獻帝。漢獻帝當然知道，除了俯首貼耳以外已經沒有其他選擇了，但漢獻帝如果真不合作，這事情還真是比較麻煩。比如說曹丕的孫子曹髦是一個傀儡皇帝，他被司馬昭逼得走投無路的時候，竟然不顧一切率領幾百個侍衛討伐司馬昭。雖然結果是曹髦被司馬昭的部下當場殺死，但是司馬昭也不得不裝模作樣地懲辦兇手。當然，漢獻帝也得到了豐厚的回報，他在退位以後仍然盡享榮華富貴並得以善終。而漢獻帝那個所謂的山陽國，也一直延續到西晉末年。

幾千年來的權力之爭，殘酷而激烈，爾虞我詐、你死我活，有時甚至血流成河，但是有時也會披上一層文明、正義、禮讓的外衣。禪讓就是其中的一幕，這也是歷史長河中不容忽視的內容，所以在今天還有瞭解的必要。

鮮卑漢化

高祖曰：「卿所謝者私也，我所議者國也。古人有言，大義滅親。今恂欲違父背尊，跨據恆朔。天下未有無父國，何其包藏，心與身俱。此小兒今日不滅，乃是國家之大禍，脫待我無後，恐有永嘉之亂。」乃廢為庶人，置之河陽，以兵守之，服食所供，粗免饑寒而已。——《魏書》

鮮卑漢化

鮮卑漢化，發生在西元五世紀末，也就是中國的南北朝時期。從東漢時候開始，匈奴、鮮卑等少數民族就大規模向內地遷移。到了後來，從遼東一直到隴西的北方地區，到處都有鮮卑人在那裡活動。鮮卑人以後又建立了政權。到北魏孝文帝拓跋宏時期，鮮卑政權已經基本上統一了中國的北方。儘管他們已經成了中原的主人，但鮮卑人還是固守著他們的習俗和傳統。孝文帝拓跋宏是北魏的第六位國君，是獻文帝的長子。孝文帝年幼的時候，是由他的祖母馮太后撫養的。馮太后還攝政了相當長時間，一直到西元四九〇年，二十四歲的拓跋宏才開始親政，他親政不久就施行了一個大膽的改革——使鮮卑族漢化。

孝文帝為什麼要漢化？因為鮮卑族依然保持著原來的習俗，跟當時整個國家的文化格格不入。鮮卑族在保持自己習俗方面可以說是相當頑固。西元二七七年的時候，鮮卑族首領力微的兒子沙漠汗在晉朝當質子也就是人質，他既然做了人質，所以在晉朝生活期間有的習慣就受到了漢族人的影響。他回去以後，當著部下與酋長的面拿彈弓打向天上的飛鳥，這引起了那些酋長的恐慌，他們認為這不是鮮卑的習俗，鮮卑人從來不用彈弓打鳥的。他們還認為太子的服裝、神態已經跟南方人差不多了，又學了這個奇怪的玩意兒，如果讓太子來繼承王位，肯定會改變鮮卑的習俗，那他們這些人就沒有好日子過了，不如廢了太子，然後選擇留在部族中的其他人當首領，於是他們就把太子殺了。在太平真君十一年（西元四五〇年）的時候，他們又把一個漢族大臣崔浩殺了。崔浩在編國史的時候，把一些鮮卑早期的歷史原原本本地記在上面，並且刻在了石頭上展示出來。鮮卑貴族認為這是「暴揚國惡」，就是把國家的一些不好的方面公開宣傳。孝文帝時的北魏，一方面取得了軍事上的勝利，南朝只能固守，沒有還手之力，而且北方其他政權都被消滅了；另一方面，鮮卑族還是一個相當保守的民族，沒有辦法融入中原漢族的汪洋大海中。因此，孝文帝準備改革，也就是要推進漢化。但是在這種情況下，他不能公開實現他的主張，而是採取了一些手段。什麼手段？就是藉口要出兵進攻南朝。孝文帝為了得到朝臣的支援，還是要製造輿論。

孝文帝知道，如果直截了當地提出漢化政策的話，在大臣中特別是鮮卑族的大臣中肯定通不過，所以他準備以南征為藉口出動軍隊，然後相應做出遷都洛陽的決定。當時北魏的首都在平城，也就是今天的山西大同，這個地方比起北魏以前的首都即今天的內蒙古和林格爾一帶來講已經往南了，但是就北魏的全部統治區域來講，還是太偏北了。當時的北魏已經基本上把領土穩定在黃河地區，有的時候甚至已達到淮河以北。跟北魏相對應的南朝，最強大的時候也只勉強到達黃河邊上，一般只能守住淮河。南朝其實是不敢輕舉妄動的，所以孝文帝做出南征的決定，多少有點出乎大臣的意料。

孝文帝為了找到理由，首先在明堂舉行齋戒，召集群臣舉行一個占卜儀式。古人往往很迷信，做重大事情之前都要打卦算命，早期經常拿一些龜板即烏龜的殼在火上烤，然後根據上面的裂紋來判斷，當然也有其他方法。總而言之，要通過這樣的占卜來決定是凶還是吉。凶的就不能做，吉的當然就能做。當時是專門有人主持占卜儀式的，太常卿王諶就負責此事。王諶看了以後，說這是一個革卦。孝文帝一聽，馬上說：「湯、武革命，應乎天而順乎人。」所以這是再吉利不過了。大臣們知道，孝文帝打定主意要南征，當然沒有人敢反對了。但偏偏任職尚書而且是宗室的任城王拓跋澄說：「陛下您繼承了先皇的遺業，已經統治中原，這次出兵不過是征伐還沒有歸服的小邦，可是您得到的卦卻是商湯、周武王的革命。這恐怕不能算大吉吧！」孝文帝一聽，馬上厲聲說：「明明是『大人虎變』，怎麼不吉利？」拓跋澄又說：「陛下登位已經好多年了，怎麼到現在還是虎變呢？沒有什麼大的變動啊。」孝文帝沉下臉說：「社稷是我的社稷，任城王你這樣做不是要動搖人心嗎？」任城王也不買他的賬，說：「社稷雖然是陛下您的，但我是社稷之臣，我豈能明知道有危險又不說話呢？」孝文帝只好忍住這口氣，淡淡說了一句：「各言其志，沒有什麼了不得的。」本來很隆重的儀式就這麼草草收場了。其實孝文帝心裡明白，任城王已經看破了自己的心思並不是真的要南征。

任城王是宗室，又有重要的地位，所以孝文帝趕快悄悄地把他召到宮裡，對他說：「剛才在明堂上人多嘴雜，你差一點壞了我的大事，我只好假裝發怒，讓其他人不要再多說。你大概已經明白我的意思了，現在我們就認真討論一下。」孝文帝摒退左右，把自己準備利用南征迫使大臣同意遷都洛陽的計畫和盤托出。孝文帝說：「這次行動的確很難，但平城不是統治全國的合適地方。平城周圍都是我們鮮卑人，也沒有辦法移風易俗，所以我想趁機遷都中原。」拓跋澄說：「陛下要遷都中原經略四海，這正是周成王、漢光武帝取得成功的經驗。」歷史上周公建了洛邑，就是今天的洛陽；漢光武帝取得成功後也沒有繼續在西漢的首都長安建都，而是遷都洛陽。所以拓跋澄讚揚孝文帝，這是好的計畫。但孝文帝還有顧慮，他說：「現在我們鮮卑人死抱著舊習慣，留戀故鄉，所以遷都肯定會引起驚恐和騷亂，該怎麼辦？」拓跋澄就說：「非常的事本來就不是常人所能想得到、做得到的。只要陛下下了決心，他們還能幹出什麼事來？」

平城宮殿遺址

得到了宗室重臣的支持，孝文帝又去找漢族大臣商議。這位漢族大臣就是尚書李沖，他也是很有計謀、很有實力的。孝文帝和他做了祕密部署，並讓軍隊進行演習，由李沖負責選拔人員。經過充分準備，到了七月初十，北魏全國戒嚴，軍隊實行總動員，正式宣佈南征。同時，孝文帝命令與南朝接界的揚州和徐州一帶徵發民伕、招募士兵，做好準備。

十天以後，孝文帝在嫡祖母馮太后的永固陵前舉行了告別儀式，率領三十萬大軍從平城出發，浩浩蕩蕩南下。當時的北魏已經統一了北方，與南朝大致上是以淮河秦嶺劃界的，已經形成了對峙的局面，雙方都不想打破這一格局。所以孝文帝大張旗鼓實施這個軍事行動，當然就引起了滿朝文武的疑惑，也引發了大家的不滿。從平城出發的時候，少數人就傳出流言，說這一次實際上不是南征，可能要遷都。鮮卑的貴族們覺得從此要離開自己的故鄉了，心裡當然都不願意。但是孝文帝下的命令是南征，而鮮卑族又習慣於東征西討，而且將士們只能服從命令，所以也不好反對。

軍隊離開平城不久就遇到綿綿陰雨，經過兩個月的艱難跋涉，孝文帝率領的大軍到達洛陽。當時陰雨不止，道路泥濘，到了二十八日，孝文帝又下令大軍繼續南下。第二天早晨，他一身戎裝，躍馬揚鞭，出了行營，早就等在那裡的群臣一下子全部跪在馬前，大家一邊磕頭一邊請求停止南伐。漢族大臣李沖說：「現在天氣不好，一直下雨，不適合南伐。」孝文帝批駁了他，但李沖還是接著說：「這次南伐天下人都不願意，只有陛下一意孤行，如果一定要南伐，我只能死在您的面前。」孝文帝大怒：「我正要統一天下，你們這幫儒生，老是立場不堅定，我的刀斧是不會饒人的，你就不要說了！」孝文帝繼續騎馬往前。這個時候大司馬安定王拓跋休和任城王拓跋澄這些宗室一起跪下來痛哭、勸阻。孝文帝對群臣說：「這一次我做了大規模的動員，總不能一點成果都沒有吧！否則我怎麼向後人交代？如果就這麼回去了，將來歷史該怎麼寫呢？我們的祖先世世代代生活在北方荒漠之中，難道他們就不想南遷來中原享受這無窮無盡的幸福嗎？難道只有今天的人才動了這個腦筋嗎？只是因為當時條件還沒有完全齊備罷了。現在我要是不南伐，就應該把首都從平城遷到這裡，在天下之中的洛陽建都。就這麼定下來了，不要再拖延時間。你們贊成遷都的人統統往左站，不贊成的人往右站。」

孝文帝滿以為他說了這番道理，又明確表示了自己的決心，群臣都會贊成。不料安定王拓跋休帶頭向右邊走去，還有幾個人跟著往右邊走。正在這個關鍵時刻，南安王拓跋楨站了出來。拓跋楨在此之前因為被查出貪污，所以臨時把他爵位取消了，現在他一看立功的機會到了，趕快站出來大聲疾呼說：「做大事的人，不要跟一般人商量，只有非常之人才能做成非常之事，遷都一事對於我們綿延王業、選擇中心地帶是必然的措施。以前周公就是這麼做的，現在陛下這麼做了，再合適不過，天下還有什麼比首都更重要的，人還有什麼比生命更重要呢？

我請求立即停止南伐，遷都中原，上使陛下安居，下使百姓放心。這不僅是我們的希望，也是百姓的幸福啊！」如此一來，早有準備的一批大臣高呼萬歲，大家都往左邊走去。孝文帝趁機宣佈，既然大家都支持，現在就下令遷都洛陽。在拓跋澄、李沖這些人的精心策畫和全力支持下，孝文帝打贏了第一仗。西元四九四年十月，孝文帝正式遷離平城。為了鼓勵百姓南遷，孝文帝又頒佈了南遷百姓免除三年租稅的法令。

到了太和十九年（西元四九五年）九月，皇族和文武百官已經全部遷入洛陽，歷時兩年的遷都基本完成。遷都的過程中是不是一直就那麼太平呢？這中間還有幾個小故事。

就在孝文帝遷都洛陽後不久，他的太師、京兆公馮熙在平城病死了。馮熙是馮太后的哥哥，又是孝文帝的岳父，留守平城的那些宗室重臣趁機聯合上書，要求孝文帝回到平城去參加馮熙的喪禮。孝文帝當然明白，剛剛遷都洛陽，如果這時候又回到故都，那不是明白傳遞給大家一個訊號嗎？所以他就說：「你們出了這個主意，是要『陷君不義』，讓我上當。」於是下令給這些人革職處分，同時他下令派特使到平城，把馮熙的靈柩迎到洛陽安葬。

在遷都已成定局的時候，孝文帝又採取了一系列更加徹底的漢化措施。首先，他在太和十八年（西元四九四年）十二月初二，下令禁止士民再穿「胡服」，也就是鮮卑以及北方少數民族的服裝，而都必須穿漢服。前面曾經講過趙武靈王要求改穿胡服。為什麼這時鮮卑人要改穿漢服、不許穿胡服呢？其實孝文帝這個時候面臨的形勢和趙武靈王根本不同。趙武靈王那個時候正在學胡人的騎射，要實行改革。孝文帝希望鮮卑族和其他少數民族學習漢人的文化，所以下令不許再穿胡服。鮮卑人當然不願意接受，但一般人也只好服從，而那些勢力強大的宗室、名份高的長輩就公然對抗。比如說東陽王拓跋丕就公然穿一身胡服，拒絕更換漢服。到了來年五月二十六日，孝文帝在朝堂召集群臣，他問：「你們是希望我超過商朝、周朝呢，還是希望趕不上漢朝、晉朝？」咸陽王拓跋禧趕快回答：「我們當然希望您超過以往所有的帝王。」孝文帝又問：「應該移風易俗呢，還是因循守舊呢？」大臣回答：「當然應使聖朝的治理日新月異。」孝文帝再問：「是只顧自己一代呢，還是要傳之子孫呢？」大家回答：「當然要傳至百世。」於是孝文帝說：「那麼好，那就得改革，你們不能違抗。」大臣又說：「上令下從，誰又敢違抗呢？」

既然如此，孝文帝正式宣佈了又一項改革措施，就是從即刻開始停止說鮮卑話，一律講中原正音。用今天話說，就是要講「漢語普通話」，其他的鮮卑話一律不許再講。這項命令實行起來確實比較麻煩。方言和少數民族語言，你叫他不講，馬上學漢話，不是那麼容易的，還要講中原的正音，那就更不容易了。孝文帝也提出了緩衝的措施：三十歲以上的人，可以慢慢改；三十歲以下的，又是朝廷現職官員的，不許再講鮮卑話，如果故意不改的就要撤職查辦。

這就逐漸從年輕人影響到年紀大的，在正式場合大家就通用漢話了。

這時候有一位廣川王病死了，因為他的夫人在他之前已經死了，並且葬在平城，所以有關部門就廣川王應該葬在什麼地方提出請示。夫人已經葬在平城了，廣川王又是平城過來的，根據原有的習慣，也要葬到平城去。趁這個機會，孝文帝又下了一道命令，說凡是已經從平城遷到洛陽的人，今後全部葬在洛陽的邙山。丈夫以前死了葬在平城的，妻子可以葬回去，但是如果丈夫是死在洛陽的，那就不准再回到老家去跟妻子合葬了。孝文帝又在六月十九日下詔：「凡是遷到洛陽的百姓，死了以後也統統葬在河南，不得再葬到北方。」從這時候開始，南遷移民的籍貫都改了，改成河南洛陽，所以在中國南方的人中祖籍是河南洛陽的特別多，也許其中有一部分就是鮮卑人，只是因為鮮卑人遷到河南以後把籍貫統統改掉了。

孝文帝覺得這樣的漢化速度仍然太慢，又下令自己的宗族要和漢人通婚。他下令把北方漢族中四個門第最高的家族的女兒統統送進後宮。李沖是隴西的大族，即隴西李氏，與幾個鮮卑的高門大族結為兒女親家，孝文帝又特意把李沖的女兒納為妃子，同時下詔自己的六個弟弟重新娶妻，分別與漢族的大家如隴西李氏、范陽盧氏、滎陽鄭氏和代郡穆氏聯姻。在這以前，鮮卑族其實已經開始跟漢族通婚了，孝文帝的嫡祖母馮太后就是北魏第一位被立為皇后的漢族婦女，但是像這樣大規模普遍通婚還是從孝文帝時候開始的。鮮卑族皇帝家裡的宗族經過這樣通婚以後，到了第二代、第三代，當然也不再有純粹的鮮卑血統了。

到了太和二十年（西元四九六年）正月，孝文帝採取了漢化過程中最徹底的一步，宣佈將他本家拓跋氏改姓為元，連姓都改掉了，而且命令所有的大臣，包括鮮卑族和其他北方的一些民族，統統改姓。拓跋也有改姓為長孫的，達奚改為奚，乙旃改為叔孫，丘穆陵改為穆，步六孤改為陸，賀賴改為賀，獨孤改為劉，賀樓改為樓，等等。後來有的姓劉的都以為自己是劉邦的後代，但事實上其中至少有一部分人是鮮卑人改過來的。鮮卑人的姓氏改了以後，再加上通婚，又穿上漢人的服裝、說漢話，慢慢地，民族之間的界限就消除了。今天鮮卑族還有沒有呢？不要說現在，就是到了唐朝的時候，大家已經只知道姓元的出了一些名人，但是沒有人再把他們看作另外一個民族了。

在今天講這段歷史，好像是順理成章，是一個相對落後的民族如何學習文化先進的民族，看似這個過程很平靜，但實際上在當時北魏孝文帝的改革是相當困難的。他需要超常的智慧和遠見卓識，也需要巨大的勇氣，甚至準備付出代價。孝文帝全面推行漢化的過程中，始終有一股暗流在祕密地醞釀，企圖阻擋這一潮流。阻擋他的人中間有他的宗室重臣，甚至有他的兒子。

孝文帝推行的漢化改革，可謂大刀闊斧，劇烈的改革政策推行下去，自然不可能完全順利，但是孝文帝萬萬沒有想到，帶頭違抗的竟然是自己的長子——太子元恂。孝文帝的這個兒子不喜歡念書，身體倒是長得高大肥壯，他到了洛陽就嫌那裡的夏天太熱，想回到平城去。孝文帝賜給他的漢服，他也不穿，經常偷偷穿上胡服。他的老師高道悅多次規勸，他非但不聽，反而恨得要命。有一次孝文帝到嵩山去了，元恂就和左右密謀，在宮中把老師高道悅殺了，又從牧場調來了馬匹，準備奔回平城。

洛陽附近怎麼會有牧場呢？原來當初遷移的時候，很多鮮卑人反對，其中有一個理由就是首都遷到洛陽了，但洛陽這一帶沒有馬。作為遊牧民族的鮮卑人不能養馬怎麼辦？孝文帝就採取了一個措施，把洛陽附近的大片農田變為牧場，就地養馬。當然，這些馬後來還是養得不大好，畢竟換了一個地方，洛陽附近的氣候條件跟北方不同，但孝文帝還是做了努力。

孝文帝的兒子就從這牧場偷來了馬匹，準備奔回北方，但是領軍元儼發現了他的這一舉動，就嚴守宮門將他堵住。孝文帝聽到消息後大吃一驚，馬上趕回洛陽。回宮以後孝文帝親自詢問，還和咸陽王元禧兩個人一起動手打了他兒子一百多板子，然後把兒子關了起來。到了當年閏十一月，孝文帝決定「大義滅親」，他發佈命令說：「這個孩子今天如果不處置的話，將來就會成為國家的大禍患。我死了以後，恐怕就會像西晉末年那樣造成『永嘉之亂』。」於是下令把太子廢為庶人，並且加以監禁。其實在遷都之初，反對派就想把太子挾持到平城，然後起兵封鎖恆山一帶的關隘，割據雁北，廢除太子對他們是一個沉重的打擊，而且孝文帝南遷以後，更加重用中原的士大夫。

當時鮮卑的重臣穆泰奉命擔任定州刺史，管理今天河北定州這一帶。他以自己一直生病、天氣太暖的地方會加重病情為理由，向孝文帝提出要改做恆州刺史。恆州刺史辦公的地方，就是原來的都城平城。孝文帝答應了他的請求，將原來的恆州刺史陸叡跟他調換。穆泰到了平城，而陸叡又沒有離開，他們一起策畫準備發動叛亂。他們還祕密串聯了鎮北大將軍樂陵王元思譽、安樂侯元隆、撫冥鎮的鎮將元業還有驍騎將軍元超，都是元氏，其實就是原來拓跋家族的那些族人。他們推舉朔州刺史陽平王元頤為盟主。當時陸叡還有一點顧慮，說洛陽方面沒有什麼機會可趁，所以勸穆泰慢慢行動。而元頤假裝跟穆泰等人結盟，實際上祕密派人到洛陽告密去了。孝文帝就請任城王元澄抱病北行，相機行事。穆泰他們只顧率軍隊跟陽平王匯合，卻沒有守住雁門，所以元澄帶了騎兵日夜兼程趕到平城，迅速瓦解了穆泰的黨羽，把穆泰、陸叡等一百多人抓了起來。太和二十一年（西元四九七年）二月，孝文帝親自趕到平城，將穆泰等人判處死刑，讓陸叡在牢中自殺，還將實際上支持叛亂的新興公元丕削爵為民，遷往太原。

為了使北方遊牧民族的酋長和他們的質子初步適應南方的氣候，孝文帝也做出了讓步，同意他們秋天在洛陽生活，夏天則返回北方的部落。畢竟洛陽這一帶是黃河下游地區，跟北方草原的差別比較大，所以孝文帝也同意那些少數民族的酋長有一個過渡。

到了三月，孝文帝從平城返回洛陽，中尉李彪派人送來密表，控告廢太子元恂與左右謀反，孝文帝就下詔讓元恂服毒酒自殺。其實，那個時候的元恂只有十五歲，事後也證明他在被廢以後已經相當悔悟，經常一個人讀佛經尋求解脫，這件事顯然是李彪等人要陷害他。為什麼呢？因為李彪等人害怕元恂不死，萬一將來太子恢復了地位或者掌了權以後，對他們這些人沒有好處，所以元恂不過是一個政治鬥爭的犧牲品。他殺老師、準備逃回平城的時候只有十四歲，一個十四歲的小孩子，可能行為很率性，不會理解政治鬥爭的殘酷。作為孝文帝，他沒有辦法，為了防止反對派利用他的兒子，為了堅持他的改革，只能付出賜死親生兒子這樣的代價。

孝文帝的遷都以及他的漢化改革取得的直接成果是什麼呢？這就是使上百萬鮮卑人和北方非漢族的移民遷到了洛陽，遷到了黃河流域，使洛陽真正成為了北方的政治中心、文化中心。由於北魏的影響非常大，所以當時的洛陽實際上是亞洲的一個中心。鮮卑人這種改革的精神，這種新興民族的朝氣，加上華夏諸族積累起來的悠久文明，共同促成了非常強盛的北魏文明，這也為以後盛唐文明的出現奠定了基礎。可以這樣說，鮮卑文化在融入漢文化的同時，其精華也已經成為了漢文化的一部分。鮮卑人這樣主動漢化，一定程度上也使漢文化鮮卑化或者說胡化了，其實這個結果是互相的，並不僅僅是鮮卑人受到了漢族的影響。

這個階段留下來的物質文明、精神文明成果都達到了空前的高度。現在我們看到的洛陽龍門石窟這樣輝煌的藝術，就是在原來北魏首都平城附近雲崗石窟的基礎上的巨大發展。北魏文明不僅在當時遠遠超過了南方的文明，就是在今天我們也可以看到它融合了東方、西方、南方、北方的藝術，達到了一個空前的高度。所以，北魏後期去過北方的南方人無不驚歎北方文明的程度。

列女古賢圖。出土於山西大同北魏司馬金龍墓屏風漆畫。內容主要是表現帝王、將相、列女、孝子，以及高人逸士。填補北魏前期北朝繪畫的空白。

永安二年也就是西元五二九年，南朝梁武帝派陳慶之護送鮮卑貴族元顥回洛陽，當時本來希望把元顥作為代理人送回去爭奪政權，但是失敗了，陳慶之隻身逃回南方。其實這個時候北魏的國力已經過了巔峰期，比較衰弱了，而且洛陽經過前不久的「河陰之變」，已經遠遠不能與全盛時候相比了，儘管這樣，陳慶之回去以後，說了一段發人深省的話，大意是：「自從東晉宋朝以來，大家都說洛陽一帶已經荒蕪了，都以為長江以北已經被夷狄這些少數民族占據了，但是我最近到了洛陽才知道，衣冠士族、禮儀文明都還在中原，洛陽的富盛，人物的傑出，我真是眼睛沒有辦法分辨，口頭沒有辦法傳達。古人所謂『帝京翼翼，四方之則』，就是指今天的洛陽。這就像登上了泰山然後再看那些小山，渡過了江海再看湘水、沅水。對北方人實在必須重視啊！」南方這樣一個有地位有文化的人，到了北方看到已經不是最繁盛時候的洛陽，還發出這樣的感歎，所以可以這樣說，經過北魏孝文帝的改革，洛陽的文化以及鮮卑族所形成的文化已經大大領先於南朝。

那麼鮮卑本身呢？應該講也是改革的受益者。拓跋氏改姓元，元氏家族儘管經歷了後來的爾朱榮之亂，又經過東魏、西魏的分裂，北齊、北周取代東魏以及西魏屢次的內亂、戰禍和天災，但依然是子孫繁衍，名人輩出。特別是在中國文化史上，元氏有不少傑出的人物。唐朝那些姓元的人，都是拓跋氏的後代。比如唐朝就有一位神童叫元希聲，北門學士中有元萬頃，名人中有元德秀、元集虛，學者中有元行沖，還有著名詩人元結、元稹。元稹是與白居易齊名的，二人並稱為「元白」。一直到金朝末年的時候，北方還有一位大詩人叫元好問。這些人都是拓跋鮮卑族的後代。

經過孝文帝的主動融合和後來的發展，鮮卑族和其他北方少數民族基本上都成了漢族的一部分。正是由於鮮卑族和其他少數民族的不斷加入為漢族持續注入新鮮的血液，也使漢民族的人口數量大大增加。今天漢族能夠成為中國的主體民族和世界上人數最多的民族，應該講離不開鮮卑等民族的貢獻。從鮮卑族本身來說，儘管它從此不再作為一個單一的民族而存在了，但在另一個民族大家庭中得到了永生。我們中華民族固然應該紀念華夏諸族的祖先，但也應該紀念包括鮮卑族的先人在內的「列祖列宗」。不要忘記像北魏孝文帝拓跋宏也就是後來改稱元宏的這樣一些為中華民族的形成和壯大做出過巨大貢獻的英雄。

孝文帝的可貴之處還在於他的改革完全是自覺的、積極的、主動的。孝文帝並沒有遇到什麼風險，也沒有面臨南方或者華夏諸族的太大壓力。在孝文帝之前，十六國中的君主也不乏漢化層次很深的。比如建立漢政權（後改稱趙，史稱前趙）的劉聰、劉曜，建立前燕的慕容廆、慕容皝，建立前秦的苻堅，建立後燕的慕容垂，這些人都有很高的漢文化素養，但都沒有能力解開本民族的情結、打破民族間的界限，他們不得不實行民族之間、文化之間的雙重標準。相比之下，孝文帝的高明是不言而喻的，儘管孝文帝犧牲了自己的兒子，不得不殺掉了一批企圖叛亂的宗室重臣，但他的改革取得了影響深遠的成果。

不過，如果從另一個角度來看，孝文帝或許會被有些人當成千古罪人，為什麼呢？一個有著近千年歷史的純粹的鮮卑族，鮮卑的語言、文化以至拓跋氏家族，很快就消亡了。儘管中國還有元氏和其他鮮卑姓氏的後裔，但是他們已經不是純粹的鮮卑血統了。儘管今天的專家學者可能還能復原出鮮卑文化的某些片段，但是畢竟沒有辦法再見到它的全貌了。所以，要是孝文帝不實行改革，不主動改變鮮卑的血統、姓氏、文化、服飾，或者他們寧可放棄中原的物質文明，率領部族重回沙漠、草原，也許到了近代，還能夠在蒙古高原或者大興安嶺中發現一個茹毛飲血、逐水草而居的鮮卑族。

或許有人會認為，鮮卑族的滅亡應該歸咎於孝文帝。所以這裡就有一個兩難的問題，落後的民族在先進民族面前究竟應該做出什麼選擇？這個問題相當複雜。今天來看這個問題，在十九世紀以前的兩千多年間，漢族及其前身華夏諸族一直是一個總體上最先進、文化水準最高的民族。對於其他民族來講，要想「現代化」，實際上就是學習華夏、學習漢族，就是所謂的漢化。當然，由於地理環境的限制和歷史傳統的不同，有一些民族想漢化也未必能漢化得了。但是，除了學習先進以外，恐怕對其他民族來講，並沒有更多的選擇。不要說在今天中國境內的民族，就是周邊的朝鮮、越南、日本等國家和民族的歷史，也已經證明了這一點。當然，最好的辦法那就是一方面「現代化」，另一方面又保持本民族的習俗而不完全漢化。這豈不是兩全其美了嗎？可惜在歷史上還沒有出現過這樣的事。除了像孝文帝這樣個別的君主以外，其他大多數的非漢族君主都想過不少辦法，試圖在接受漢族文明的同時保留本民族的習俗，或者對

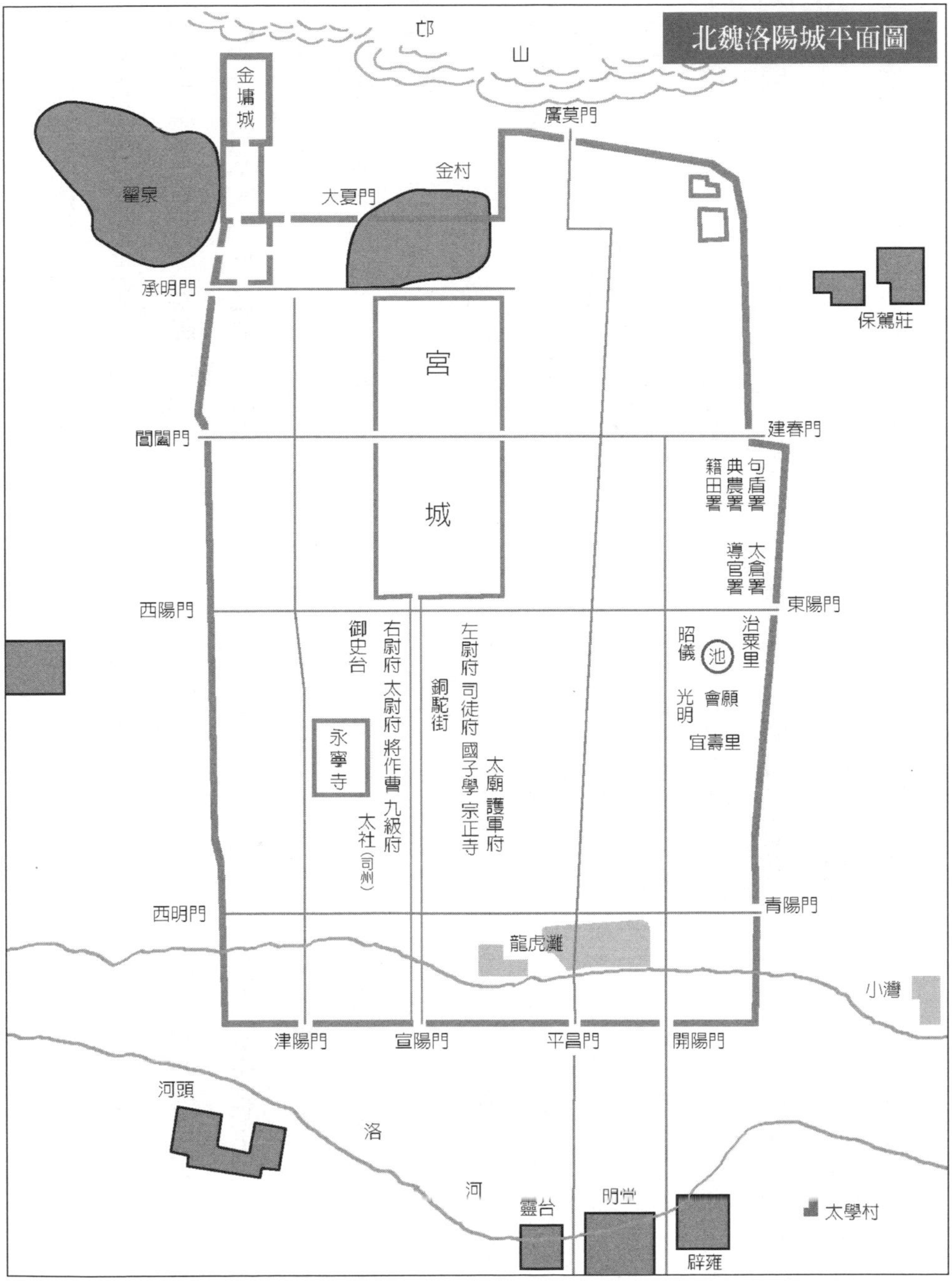
北魏洛陽城平面圖
邙
山
金墉城
翟泉
金村
大夏門
廣莫門
承明門
保駕莊
宮
城
閶闔門
建春門
句盾署
典農署
籍田署
太倉署
導官署
西陽門
東陽門
御史台
右尉府
太尉府
將作曹
九級府
太社（司州）
永寧寺
銅駝街
左尉府
司徒府
國子學
宗正寺
太廟
護軍府
治粟里
昭儀
池
光明
會願
宜壽里
西明門
青陽門
龍虎灘
小灣
津陽門
宣陽門
平昌門
開陽門
河頭
洛
河
靈台
明堂
辟雍
太學村

北魏洛陽平面圖

漢族文明有所選擇地吸收，但是無不以失敗而告終。

不妨舉幾個例子。比如遼朝，契丹人在立國初期曾經堅持實行「捺鉢」制度，就是每年春夏秋冬四季，皇帝在不同的地方搭帳篷生活或者辦公，以保留遊牧民族的習俗。同時，另外設立固定的首都來管理漢族和農業民族。在發展的過程中，遼的首都從上京搬到了中京。上京在內蒙古巴林左旗，中京已經到了內蒙古寧城縣西的大明城。到了後來，實際上遼的王公貴族更喜歡住在南京，也就是今天的北京。契丹人還想保持原來的制度，但貴族們不斷南遷的步伐已經擋不住了。

女真人建立的金朝也是這樣。遷入黃河流域以後，女真人紛紛學漢語、穿漢裝、改漢姓，以至於皇帝多次下詔禁止太子、諸王學習漢人的風俗，讓他們一定要學習女真文字。因為皇帝看到自己的子孫連女真文字都不懂，氣得罵他們忘本，但還是無可奈何。到後來，金朝皇帝本人也都一個個學習詩畫。

滿族入關以後，為了保持本民族的傳統也是煞費苦心，採取了很多措施。如將東北邊外設為「龍興之地」，立為禁區，在那裡設置獵場，皇帝每年要帶部下到那裡去打獵。同時，禁止滿漢通婚，堅持使用滿族的文字、姓氏。但是曾幾何時，早已在關內定居的滿族人已經不願意回到關外去了。有的在關外有田莊，但已經雇了人到那裡幫他管理，自己就不去了。乾隆以前的皇帝還能夠騎馬射虎，還經常去圍獵，以後的只是去避暑也不再打獵了。到了後來，八旗兵操練的時候有的都上不了馬，得讓別人扶上去，拉不開弓也要別人幫忙。滿族的姓雖然還保持著，名字卻早已漢化了，大家只記住了他們的名。等到清朝江河日下，關東開放，新軍取代綠營，通婚也開禁了，到最後剪辮子也合法了，還有多少傳統保持得住？等到清朝滅亡，大多數滿族人紛紛改用漢姓。

可以這樣說，兩千多年間沒有一個民族取得過比孝文帝改革後的鮮卑更好的結局，這難道是偶然的嗎？當然，今天在討論這個問題的時候，形勢已經發生了很大的變化。我們都已經知道，要尊重不同的民族，要保持民族之間的平等。但是我們也要知道，孝文帝的時代形勢是完全不同的。融合的代價，經常是生命財產的損失和你死我活的鬥爭。在這種情況下，北魏孝文帝拓跋宏應該說走了一條前無古人、後無來者的道路。我想，他應該得到充分肯定，他是中國歷史上的偉人，同樣也是拓跋鮮卑民族歷史上的偉人。

江陵焚書

帝入東閣竹殿，命舍人高善寶焚古今圖書十四萬卷，將自赴火，宮人左右共止之。又以寶劍斫柱令折，歎曰：「文武之道，今夜盡矣！」乃使御史中丞王孝祀作降文。……或問：「何意焚書？」帝曰：「讀書萬卷，猶有今日，故焚之！」——《資治通鑑》

江陵焚書

江陵是什麼地方？就是今天湖北省荊州市的江陵。西元五五五年正月初十，梁元帝蕭繹一把火把自己收藏的十四萬卷書全部燒掉了。當時江陵是梁元帝的首都所在，被西魏大軍包圍了。梁元帝在王朝覆滅之前，下令把宮中收藏的十四萬卷書統統燒毀。

秦朝的時候，曾經發生過秦始皇焚書坑儒事件，對此事的細節今天好多人還有爭議，但不管怎麼樣，秦始皇的確曾經下令收繳一部分圖書並且把它們燒了。當時為什麼沒有燒盡呢？因為有一部分被老百姓偷偷藏起來了。當時畢竟不像現在這麼交通方便，而且秦朝統治的時間比較短，一部分人拿了儒家的經典藏起來，另外還有人把一部分書以口頭形式保存下來了。那些儒家經典是很多學者都能背得出來的。但是總而言之，這一次焚書坑儒事件造成了中國典籍的很大損失。等到秦亡之後，漢朝徵集儒家經典，有人就依靠記憶把這些背出來，然後記錄下來。現在的《尚書》有兩個版本，《詩經》有三個版本，《論語》、《春秋》都有不同的版本，主要就是因為在流傳的過程中，有的是後來背誦出來記錄下的，有的是藏起來的，於是就有了不同的版本。西漢成帝還專門下了命令，派人到全國各地去蒐集散落在民間的圖書，所以說到西漢後期，這些藏書已經比較豐富了。

在還沒有印刷出版技術的條件下，這些書都是手抄的。在紙張還沒有普及時，有的是抄在木簡上的，有的是抄在竹簡上的，有的則是抄在帛上的，所以流傳很困難。一種書往往只有一卷，或者是少數幾個版本。到了西漢末年，好不容易皇家圖書館徵集到了總共三萬三千多卷的書，但是到了王莽覆滅的時候，首都大亂，皇家圖書館的書又被燒了。東漢初年，政府又重新在全國徵集圖書。每次發生戰亂，圖書都有很大的損失。只有政府才有能力去收藏保管這些圖書，所以民間儘管有零星散落的圖書，但大多數還是集中在首都。而一到戰亂，首都的書往往不是被燒掉，就是被搶走，又是一次散落。

王莽以後，到了東漢末年三國鼎立，接著五胡十六國，到南北朝，長安、洛陽甚至南方的都城建康，都幾次遇到戰亂。在江陵集中的十四萬卷圖書，可以說是中國從古到西元六世紀期間的瑰寶，而這些都被梁元帝一把火燒掉了。有人把這一次的損失稱之為中國文化史上的最大劫難之一。儘管梁元帝以後的皇帝也花了很大精力重新蒐集圖書，但直到隋唐時期都還沒有辦法集中到那麼多的書。隋文帝開皇年間，曾經到全國各地蒐集圖書，並規定只要上交一卷書就獎勵一匹絹。隋朝滅掉南方陳朝的時候，南北方加在一起，也僅僅有三萬卷書，與江陵燒掉的十四萬卷還有很大的差距。

不妨設想，要是當時江陵的十四萬卷書，哪怕有一部分能夠保留下來，那中國歷史上的很多難解之謎或許就可以找到答案，很多已經湮沒的學術流派，很多思想，很多著作，今天或許都能夠知道。所以這個損失是沒有辦法用數量和簡單的話語來評估的。

梁元帝為什麼要燒書？一個直接的原因就是在西魏入侵的時候他已經沒有辦法抵擋了。西元五五四年十一月，西魏派大將于謹、宇文護、楊忠率領五萬大軍從長安出發，攻打梁元帝的都城江陵。梁朝的首都本來沿襲了從東晉至南朝宋、齊的建康，也就是南京。梁元帝在平定了「侯景之亂」以後，為了鞏固自己的根據地，把首都從建康遷到了江陵。江陵背靠長江，北面無險可守，而且距離南朝長期經營的政治、軍事中心建康很遠。梁元帝此舉主要目的不是為了防備外敵，而是為了對付自己的兄弟、宗族。

為什麼？因為梁元帝繼位以後，害怕自己的兄弟、侄子來搶皇位，所以寧可在自己的根據地守著。為了防止內亂，他又把軍隊分別駐紮在各地，而對北方的強敵西魏，非但不加以防範，還妄想利用它來消滅異己。梁朝的舊臣中有一個叫馬伯符的人，從西魏發來密報說西魏準備入侵梁朝。梁元帝根本不相信。

西魏的主帥于謹在出兵的時候就已經對梁元帝可能採取的戰術有了三種預測。他說，上策是梁元帝應該帶軍隊趕快渡江到江南，回去據守南京一帶；中策是把城外的百姓統統集中到城內，加固城防等待援兵；下策就是不做任何主動的措施，聽天由命。他斷定梁元帝這個人必然是採取下策。以後的發展果然證明了于謹的估計，而梁元帝甚至連下策都沒有用好。

于謹出兵不久，到十一月二十日，梁朝武寧太守宗均派人報告魏軍即將南下，梁元帝於是召集大臣商議。結果，他手下大將胡僧祐和謀臣黃羅漢都說兩國之間關係很好，沒有什麼利害衝突，認為魏軍不可能來進攻。有一個叫王琛的人，上一年剛剛從西魏出使回來，也說西魏沒有入侵的可能性。梁元帝決定派王琛再到西魏出使，可就在三天以後，魏軍已經到達今天的湖北襄陽一帶。梁元帝這時才不得不下令全國戒嚴。但是王琛到北方以後，又給黃羅漢送急信說邊境秩序井然，以前的消息都不可靠。梁元帝又猶豫不決了。直到十一月二十八日，他才派人到建康去送信，徵調握有重兵的大將王僧辯到江陵擔任大都督、荊州刺史，主要目的是讓他帶軍隊來支援。

梁元帝本人對抵抗西魏的軍隊毫無信心。十二月初，他夜登鳳凰閣，哀歎沒有希望了，認為與魏之戰必敗無疑。儘管對外他無所作為，對內卻絲毫沒有放鬆對部下的控制。當時郢州刺史陸法和的駐地就在今天的武漢，離江陵最近，只要陸法和派軍前來，就有生力軍了。但梁元帝怕陸法和來了以後找他麻煩，所以派人去阻止，說自己完全可以抵擋敵人，讓他鎮守在郢州不要隨意調動軍隊，這樣就失去了最近的一支援兵。到十二月初十，魏軍已經渡過漢水，于謹派宇文護和楊忠率精騎攻占江津，截斷了江陵以東的長江水路。當天，梁元帝在江陵城外閱兵，沒想到一陣狂風後突然下起了暴雨，閱兵儀式只能草草收場。

第二天，魏軍就攻下了武寧，俘擄了太守宗均。梁元帝到城外去部署防守，下令建起一道六十里長的木柵，同時命令胡僧祐跟王褒負責城防，讓太子在城上巡邏，讓百姓也去搬運木材、石料。但是當天夜裡，魏軍到達距江陵只有四十里的黃華。十四日，魏軍就進抵木柵下。第二天，梁軍開門出戰，新興太守裴機殺掉了魏將胡文伐，照理說這是一個好的開端，可是誰知到了二十四日，木柵內失火，燒掉了幾千家民房和二十五座城樓。魏軍趁機渡過長江，于謹下令築起包圍圈，把江陵和外界的聯繫完全割斷了。梁元帝幾次向外面求救，但是沒有一支救兵到達，而他實力最強的大將王僧辯帶了從建康來的軍隊，卻遲遲不動。梁元帝實在等不及了，撕下一塊旗幟在上面寫下求救書，派人送出去。但是實際上他的手下像王僧辯這些人都在觀望形勢，所以很多援兵都沒有到達，魏軍卻已經兵臨城下。接下來，魏軍全面進攻，梁主將胡僧祐中箭而死，軍心動搖，有人打開西門放魏軍進來。梁元帝退到內城，立即派了自己兩個侄兒去求和。城南的將士先投降了，城北的將士一直堅持到黃昏，但聽到其他人投降了，也紛紛四散而逃。梁元帝就是在這個情況下下令燒書的。他燒書的時候，還想自己投火自殺，被左右阻止了，於是只好準備投降。梁元帝的另一個大臣謝答仁勸他連夜突圍，只要到了江南，有一支梁軍等在那裡。但是梁元帝不會騎馬，所以他認為這樣不僅行不通，而且只會徒增自己的恥辱，因此非但沒有聽取謝答仁的建議，反而聽信了小人的挑撥，懷疑謝答仁的忠誠，不再跟他見面。謝答仁沒有辦法，只好出走。

梁元帝穿上素色的衣服，出門投降，在備受羞辱以後，於第二年正月二十七日被殺。魏國軍隊從梁朝投降的王公大臣和江陵百姓中選出幾萬人，押回長安去做奴婢，把其餘的老弱幼小幾乎全殺掉了。當時得到赦免的只有三百家。

在這樣一場浩劫中，真正的戰爭從開始到結束實際上只有一個月的時間，而且梁朝的軍隊根本沒有組織起什麼有效的抵抗，所以這次戰爭最大的損失有兩個，一是十四萬卷書，二是江陵城裡的無辜百姓。

在中國歷史上，這場戰爭根本算不上什麼大戰，與秦漢之際、兩漢之際、東漢末年、西晉末年還有東晉十六國期間發生過的大大小小的戰爭相比，江陵之戰只是小菜一碟。有的戰爭動不動涉及幾十萬甚至上百萬人，要不是因為有這十四萬卷書，江陵之戰也許會為大多數歷史學家所忽略。為什麼這十四萬卷書在歷史上引起那麼多人的重視呢？正如前面已經說過的，中國歷史上積累到六世紀中葉書籍的結晶都在裡面了。很多書可能就是唯一的抄本，也在這次被毀滅了。其他物質也許可以通過重建得到恢復，但是人類知識的結晶、文明的結晶一旦被毀滅了，也許永遠無法再恢復。物質財富是可以積累的，可以越聚越多，而人的精神境界、精神財富則不能保證隨著時間而一定發展或者一定進步，某些精神方面的頂峰過了以後，也許在非常長的時間裡不能再到達。所以，這一次戰爭所造成的損失，因這十四萬卷書被燒毀而空前巨大。

江陵焚書的直接原因當然是魏軍的進攻，要是沒有這場戰爭，沒有敵人包圍，要不是他無路可走了，梁元帝也不會燒這些書。但問題是，即使有戰爭，即使被包圍，臨死前是不是一定要採取燒書這樣極端的辦法呢？這又與梁元帝的為人有關，這是他主動犯下的罪行。照理說，梁元帝要戰要降，跟書是沒有關係的。所以在被俘以後，于謹問他：「你為什麼要把那些書燒掉？」梁元帝怎麼回答呢？他說：「我讀書萬卷，還落得今天這樣的下場，所以都燒了。」可見他到死都不明白自己亡國的真正原因，或者說他知道卻不肯承認。

梁元帝的一生的確是愛書，所以才能在這樣戰亂的情況下蒐集保存了這麼多的書。但是，他又從極端的愛變成極端的仇恨，讓這些書做了他的替罪羊或者是殉葬品。梁元帝這個人是相當複雜的，這與他的生平經歷有很大關係。梁元帝自幼殘疾，瞎了一隻眼睛，但是異常好學，據說五歲的時候就能背出儒家經典《曲禮》上半部。他博覽群書，下筆成文，出口成章，才思敏捷，大家都比不過他。他也不好聲色犬馬，所以名氣很大。但因為是一個殘疾人，往往受到歧視，連他老婆也瞧不起他，當然那個老婆大概也不情願嫁給他。有一次，他老婆化妝只畫了半邊臉，問其原因，她說：「你只有一隻眼睛，有半邊也就夠了！」

梁元帝刻苦好學的程度的確是常人不能比的，他對學問的愛好到了什麼程度呢？他特別喜好玄學，在魏軍進攻的那一年十月十九日，開始在龍光殿給大臣們講解《老子》。到了十一月二十三日，魏軍已經逼近襄陽，「內外戒嚴」，他才暫時停止講課。到了二十七日，看邊境沒有什麼動靜，他又恢復講課了，所以當時文武百官只好穿著軍裝聽他講課。到十二月二十七日晚，江陵已經處在魏軍的包圍之中。他上城去巡邏後還是雅興不減，隨口作詩，又命令大臣們一起和詩。梁元帝的著作也非常多，動不動就幾十卷，加在一起不下幾百卷。當時的一卷不像現在的書，字數可能沒有那麼多，但這樣一個只有一隻眼睛的人，要寫出幾百卷來也是很了不起的。儘管梁元帝只活了四十七歲，而且經歷多年的亂世，但是他的詩文、學術著作在中國的文學史和學術史上都能占一席之地。他曾經先後在今天的浙江、江蘇南京、江西九江和湖北荊州一帶做官，期間千方百計收羅圖書。可以講梁元帝的確稱得上一個學者，也稱得上是一個愛書的人。

其實，不僅梁元帝如此愛書，歷代的帝王中也有不少人包括被後人稱之為昏庸無道的亡國之君隋煬帝也是很愛書的。隋煬帝在保護古籍方面有重大的貢獻，在他當皇帝的時候皇家圖書館又收到了三萬卷書。隋煬帝還做了一件好事，他下令每一種書抄五十個副本。要不是他採取這個措施，等到隋唐之際大亂的時候，這些書大概又要來一次像江陵焚書一樣的浩劫。正是因為隋煬帝已經抄了五十份，所以這些書大多數都流傳下來了。一個昏君在這方面倒是做了一件好事，而梁元帝也是這麼一個很複雜的人。

梁元帝可以說是典型的雙重人格。一方面他勤奮好學、富於創造、追求創新，另一方面又極端虛偽殘忍、優柔寡斷、貪生怕死。他學術上取得的認識，從來不想親自實踐。比如，他專門寫過一本《孝德傳》讚揚儒家的孝道，還寫過一部《忠臣傳》，但他自己的行為既不忠也不孝。他的父親梁武帝晚年時發生「侯景之亂」，侯景包圍了建康，梁武帝危在旦夕，天天在等自己的兒子們來救援。而當時的梁元帝在長江上游的江陵擁有重兵，非但不去營救，甚至還殺了阻止他退兵的大臣。為什麼？因為梁元帝認為去了就會減弱自己的實力，即使救了他父親，八十多歲的梁武帝還是繼續做皇帝，對他也沒什麼好處，還不如坐視不救，等父親死了，可以趁機繼位。由於梁元帝不是太子，如果照正常程序，他是做不上皇帝的，只有在戰亂中擁有了實力才有希望。等到建康陷落，他又忙於骨肉之爭，先趁機逼死了親生兒子蕭方，又殺掉或趕走了他的侄子們。他又把自己的兄弟逼得起兵反對他，為了詛咒那個兄弟，梁元帝叫人畫了兄弟的像在上面釘釘子，咒其早死。此外，梁元帝還請西魏出兵夾攻在成都的弟弟蕭紀。等到蕭紀兵敗，梁元帝下令不許讓蕭紀活著來見他，實際上就是要把蕭紀殺掉，免得兄弟見面難堪。蕭紀的兩個兒子就是梁元帝的侄子也被關了起來，梁元帝斷絕了他們的飲食。這兩個人最後咬了自己手臂上的肉來吃，餓了十三天以後也死掉了。

侯景有一個幫兇叫王偉，侯景所有的行動幾乎都是他策畫的。這個人才思敏捷，文章寫得快，詩也作得好，被俘擄後他在監獄裡寫了一首五十韻的長詩獻給梁元帝。梁元帝一看，欣賞王偉的文才，準備赦免他。這時候嫉妒王偉的一些人就對梁元帝說：「以前王偉寫過一篇聲討你的檄文，也寫得不錯啊。」梁元帝找來一看，上面有這麼幾句話：「項羽重瞳，尚有烏江之敗；湘東一目，寧為赤縣所歸！」什麼意思？說項羽眼睛裡兩個眼珠，最後落得烏江之敗，湘東王一隻眼睛，難道天下會歸他嗎？這當然是對梁元帝的侮辱。梁元帝勃然大怒，叫人把王偉押來，把他的舌頭釘在柱子上，開膛破肚，一刀刀剮死。當然，王偉的罪行早就夠判死刑了，梁元帝因為欣賞他的才能本打算不殺他，但當知道他曾經挖苦過自己之後，卻又如此殘酷地對待他。所以，梁元帝這個人沒有什麼是非善惡的標準。但是，也不能夠因為梁元帝有這些行為，就否認他的文才、否定他的才能。今天我們講中國文學史，往往還會拿出梁元帝的作品來賞析。同樣的例子還有很多，不少君主政治上腐朽，最後都落得個身敗名裂，有的還做了亡國之君，但他們中有一些人確實在中國文學史、藝術史上做出過重大的貢獻，比如五代的李後主、宋朝的宋徽宗都是這樣的情況。

所以，評論一個歷史人物的時候，還是要對他進行全面的分析。當然，歷史往往是沒有辦法選擇的，如果梁元帝不是皇子，也沒有做皇帝，而是一介平民，那麼他兇殘險惡的一面可能就沒有機會表現出來，或者不會充分地顯示。如果他是普通人，也就沒有辦法害人、沒有辦法殺人，或者沒有辦法採取那種酷刑。如果他是一個普通人，歷史對於他沒有留下什麼紀錄，今天能看到的只是他的作品，那麼對他的評價就是一位了不起的詩人和好學不倦的學者。但不幸的是，歷史給了他皇帝這樣一個舉足輕重的地位，所以無論他是否願意，無論我們怎麼感到惋惜，只能用皇帝的標準、用政治人物的標準來評價他。

玄武門之變

九年，皇太子建成、齊王元吉謀害太宗。六月四日，太宗率長孫無忌、尉遲敬德、房玄齡、杜如晦、宇文士及、高士廉、侯君集、程知節、秦叔寶、段志玄、屈突通、張士貴等於玄武門誅之。甲子，立為皇太子，庶政皆斷決。太宗乃縱禁苑所養鷹犬，並停諸方所進珍異，政尚簡肅，天下大悅。——《舊唐書》

玄武門之變

毛澤東的詞〈沁園春．雪〉：「昔秦皇漢武，略輸文采；唐宗宋祖，稍遜風騷。」講中國歷史往往都會講到唐太宗，他一直是作為一個正面人物被充分肯定的，好多例子都會拿唐太宗作為一個典型，這在中國古代帝王中大概也是絕無僅有的。不過，我在讀歷史時，注意到一個細節，這麼一位偉大的皇帝，生前做過一件其他皇帝不大敢公開做的事，就是他幾次三番要看史官為他所記的歷史，並且親自督促他們修改某一段歷史紀錄，直到他滿意為止。按規定，皇帝的言行、日常活動是專門由史官隨時記錄，記下以後放在一個密封的櫃子，等到皇帝去世以後才能打開，再根據這些資料整理成書，永久保存。唐太宗為什麼要一反常規親自做這樣的事呢？他也不會不明白，這樣做肯定要被史官記錄下來，完全可能會給他造成不利的影響。

究竟是哪段紀錄讓唐太宗明知不合常規仍堅持查看並修改呢？那就是他登上皇位的過程，也就是歷史上有名的玄武門之變。唐朝的開國皇帝李淵有好幾個兒子，主要的是太子李建成、齊王李元吉，還有就是秦王李世民。照正常的程序，李淵死了以後繼位的人當然是他的太子，也就是長子李建成。李世民不管有多大功勞和多高聲望，都是輪不到的。但是在西元六二六年七月二日，發生了一件事，改變了這個格局。那天早上，李世民帶領他的部下長孫無忌、尉遲敬德等人早早埋伏在玄武門（也就是長安城太極宮的北門）。李世民為什麼要這麼做？因為前幾天發生了一些事。李淵得到密報說根據星象的變化，秦王可能要奪取皇位。李淵就把李世民召來，問他是否圖謀不軌。李世民做了一番解釋，表明根本沒有這件事，同時他又密告說太子建成和齊王元吉跟後宮發生淫亂。李淵聽了很生氣，說現在你們兄弟之間互相告發，那就等到初四這一天，三兄弟統統來當面對質。所以初四是他們三兄弟要去見李淵的日子。

等到李世民做好準備，太子李建成和齊王李元吉來了。他們行至臨湖殿時發現情況不妙，周邊的人都不認識，意識到事情有變，趕快調轉馬頭準備回去。這時，李世民帶了長孫無忌這些人衝了出來。李元吉拿起弓箭就去射李世民，但是因為一邊奔跑一邊射箭，心急慌張，連發了三支箭都沒有射中。李世民也拉起弓來，一箭就射中了太子李建成。李元吉也趕緊回射，而此時李世民的馬衝到了路邊，被樹絆了一下，李世民從馬上摔了下來，李元吉趕快過來奪了李世民的弓箭，並且勒住了他。正在這個時候，尉遲敬德帶了騎兵趕來，一聲大喝，一箭把李元吉射死了。李建成東宮的侍衛和齊王李元吉的侍衛看到這個情況，兩千多人圍攻玄武門，形勢很緊迫。這個時候，李世民的部下割下了李建成和李元吉的頭，拿到玄武門上。部下一看主人已經被殺，紛紛做鳥獸散。尉遲敬德拿了武器，衝到了後宮。李淵根本想不到會鬧出這麼大的事來，當時他老人家還在湖裡的遊船上，他看到尉遲敬德帶著武器衝過來，才明白是怎麼回事。尉遲敬德說：「太子和齊王作亂要殺害秦王，我們先來保護皇上。」眼看太子被殺，一批武士又包圍著自己，李淵只好下令立李世民為太子。這個時候李世民才趕來，據說父子倆抱頭痛哭。為了斬草除根，以李淵的名義下令把李建成、李元吉的十個兒子，也就是李淵的十個孫子，統統以叛亂罪殺掉。兩個月以後，李淵又把皇位傳給李世民，自己做了太上皇。這就是今天在唐朝的官方史書，也就是後人編的《舊唐書》、《新唐書》以及《資治通鑑》這些書中所記錄的玄武門之變。如果根據這些記載，此次事變肯定是因為李建成、李元吉要加害於李世民，所以李世民才不得不採取措施提前殺了兩個兄弟。

歷史到底是不是這樣呢？中國現在留下的史書，特別是那些正史，往往都是勝利者的紀錄。儘管如此，如果我們仔細分析的話，仍可以發現一些蛛絲馬跡、一些疑點。比如有這麼一個細節，貞觀九年（西元六三五年），當了十年太上皇的李淵去世了，這位唐朝的開國皇帝被奉為「高祖太武皇帝」，隆重安葬。可是就在葬禮舉行的十天前，唐太宗通知史官，說要親自看一看高祖皇帝和自己的實錄是怎麼寫的。這些史官嚴格遵守傳統的規矩，婉言謝絕。第二個細節是到了貞觀十六年（西元六四二年）四月，唐太宗又問諫議大夫褚遂良：「你還負責記我的《起居注》嗎？能讓我看看嗎？」（皇帝左右專門有人記錄他的日常活動、言行，叫做《起居注》）褚遂良回答：「史官記錄君主的言論和行動，好的壞的都要記錄。這樣才能夠使君主不敢做壞事，從來沒有聽說君主自己拿來看的。」唐太宗就問：「那我如果有什麼不好的事情，你也記嗎？」褚遂良回答：「這是我的職責，不敢不記。」另一位黃門侍郎劉洎也在旁邊補充說：「假如褚遂良不記的話，天下人都會記。」於是唐太宗又碰了一個釘子。

不過兩個月以後，唐太宗忽然下令將十六年前被殺並且被追奪了太子封號的長兄李建成恢復為皇太子。原來，李建成被殺以後，李世民以唐高祖的名義，命令撤銷太子的封號，給他一個稱號叫「息隱王」。現在，李世民突然又恢復李建成太子的稱號了。李元吉原來被稱為「海陵刺王」，這時候也改為「巢刺王」。所謂刺，這個字就是說行為錯亂，巢是個地名。為什麼「海陵」要改成「巢」呢？歷史書上也沒有記載。我估計可能是因為當初夏朝最後一個君主桀是被放逐到了南方的巢，也許唐太宗以為把他的兄弟封為巢這個名稱，要比封為海陵好一點。我們也弄不明白這件事

唐太宗

情到底與唐太宗要看自己的《起居注》有什麼聯繫，但這也傳遞出一點訊息，就是唐太宗在對待他的哥哥、弟弟問題上已經感到了內心的壓力，所以不得不採取一些彌補的措施。

第三個細節是又過了一年也就是貞觀十七年（西元六四三年）四月，唐太宗的兒子、皇太子李承乾因為有罪被廢為庶人，而他的叔父漢王李元昌也因為參與陰謀被殺。唐太宗當時曾經答應立自己最寵幸的第四個兒子也就是魏王李泰為皇太子，但後來又改變主意，立第九個兒子晉王李治為皇太子，這就是後來的唐高宗。魏王李泰被降封為東萊郡王，後又改封為順陽王，表面是王，實際上是把他軟禁在湖北西北的山區。幾天時間內的一連串事件讓唐太宗一度心力交瘁，他哀歎：「我被這三個兒子、一個弟弟搞成這樣，想想活著實在沒有什麼意思啊。」說完就從座位上跌倒在地，還沒等到周圍的人把他扶起，突然拔出佩刀想自殺，被褚遂良一把奪下。我們簡直不能想像，一向被人認為英明勇敢的唐太宗，竟會做出這種舉動，可見他受到的打擊之深。之後他親自到太廟去祭拜，為了兒子李承乾的事向祖宗謝罪。李世民立太子反覆無常，這到底跟他對待他的哥哥、弟弟那一幕有什麼關係呢？

這一年的六月初一，出現了日蝕。日蝕其實是很正常的，但是古人把它看得很重。當時講究天人合一，太陽被遮擋了，這就意味著皇帝有什麼事，或者被奸臣蒙蔽了，或者他自己做了什麼虧心事，總會引起大家的聯想，連太陽上面出現黑子都馬上會想到這意味著皇帝有什麼過錯，所以這次日蝕當然會引起唐太宗以及民間的聯想。到了七月間，民間居然傳出流言，說皇上要派惡鬼來挖人的心肝拿去祭天上的天狗星，一時間鬧得人心惶惶，以至於唐太宗不得不派人到各地去闢謠，撫慰老百姓，鬧了一個多月才平息下來。這些事是否與宮廷中的變故傳到民間有關呢？現在已經找不到證據了。但是，這無疑促使唐太宗更加關注史官究竟給自己記了什麼。

如果說前幾次唐太宗只是詢問一下，那麼這一次他則明確下了命令。他向監修國史的宰相房玄齡提出要求，說自己的用心和以往的君主不一樣，他要親自閱讀國史，以便瞭解自己以前的錯誤，作為今後的警戒，所以要求房玄齡按順序整理《起居注》並呈上來。諫議大夫朱子奢極力反對，說：「陛下身負聖德，言行從來沒有過失，史官記載自然是盡善盡美，所以陛下如果要查《起居注》並無不妥。但是從此以後，如果成為一個制度傳下去，我恐怕到了您的玄孫、曾孫輩難免有達不到上智標準的君主會文過飾非，史官如果如實記了，也許就要受刑罰懲處。這麼一來，史官為了保全自己、避免後患，肯定會逢迎順從皇上的旨意。如果這樣，悠悠千載的歷史還能相信嗎？我想這就是歷來不允許帝王查看自己歷史的道理。」

但唐太宗不為所動堅持要看，房玄齡沒有辦法，只能和許敬宗等人刪改了《高祖實錄》和《太宗實錄》各二十卷敬呈御覽。其實，唐太宗最關心的是實錄中的哪一部分，大家都心知肚明，所以史官們在這上面已經下了功夫，總之我估計已經寫得他們認為能讓唐太宗比較滿意了。

唐太宗看了有關玄武門之變的記載以後，嫌他們寫得不好，認為太隱晦了，沒有把該寫的都寫出來。他說：「當初周公殺了管叔、蔡叔才使周朝得到安定，季友毒死了叔牙才使魯國太平。」可見唐太宗的意思是，只要使國家安定，必要的時候殺了宗室大臣都是應該的，所以他又說：「我這樣做是為了安定社稷，史官執筆的時候，何勞再專門曲意隱瞞呢？應該加以修改，直截了當把事實記下來。」有了唐太宗這樣明確的指示，以房玄齡為首的這些史官自然只能體察聖心，他們就將這兩朝《實錄》中有關的文字進行修改，一直修改到唐太宗滿意為止。這就是今天能夠在《舊唐書》、《新唐書》和《資治通鑑》中所看到的玄武門之變，也就是長期以來流傳的這樣一種說法。

唐太宗那樣做真的就把所有的歷史痕跡都消除了嗎？難道玄武門之變的真相就這樣被長期隱瞞了嗎？不見得。其實只要認真發掘的話，就算從現成的史料中還是能夠找到蛛絲馬跡並且大致復原出歷史真相。

這樣一種由史官記錄歷史包括記錄君主言行的制度從什麼時候開始形成的呢？據說上古三代的時候就有了。在君主身邊有兩類人：一類是占卜的，負責有重大事件時卜卦，判定吉凶；

另一類就是史官。中國的史官也有人說是從巫師轉化過來的，他們負責把歷史記下來，不受君主的影響，他們要獨立，是好是壞都要記下來。

據說齊國大臣崔杼發動政變把國君殺了，史官就記下來，「崔杼弒其君」。崔杼覺得很丟臉，所以就把那個史官殺了。殺了這個史官，史官的兄弟接替其職務，崔杼問他怎麼寫，拿來一看，仍是「崔杼弒其君」。崔杼又把這個史官殺了。史官的另一個弟弟又繼任，還是要這樣寫。當時因為聽到這個消息，已經有人準備好了，如果崔杼敢再殺第三位史官，他們還繼續這樣寫。最後崔杼害怕了，這個紀錄也就留下來了。

那些帝王君主為什麼害怕別人把他們的歷史記載下來呢？我想大概是因為他們認為，自己雖然死了，但還有子孫，如果史官把自己的缺點特別是把那些見不得人的事記下來的話，對自己、對子孫都是不利的，並且還有道義上的譴責，所以就產生了一種恐懼。當然，現在看了唐太宗這一幕就可以明白，其實有的時候記錄下來的歷史並不會完全實事求是，史官們還是逃不出專制集權的束縛。

唐太宗煞費苦心修改了歷史，而唐朝一代之後所有的皇帝都是他的子孫，當然就沒有人敢為玄武門之變翻案。但是到了宋朝，就不斷有人揭露這些史料中存在的矛盾。因為唐朝雖然修改了官方的歷史，但是來不及修改民間記錄的歷史，所以總有一些記載留了下來。將這些記載與官方記載進行對比的話，就會發現兩者之間的矛盾。

首先，唐高祖是在什麼條件下發兵反隋的？唐高祖李淵本來是隋朝的官員，當時隋煬帝讓他在晉陽也就是今天山西太原做留守。李淵起兵反隋是在西元六一七年，當時李世民只有十九歲，而他的哥哥李建成已經二十九歲了。根據唐朝官方的記載，李淵對反隋一事舉棋不定，簡直是個窩囊廢，很多重大的決策都是受到李世民的影響。其中就記載，當時李世民一再催促他趕快起兵，但是李淵猶豫不決。此時李建成和李元吉還在河東，也就是山西東南一帶。李淵因為抵抗突厥人時打了敗仗，隋煬帝一度要把他押解到江都去治罪。這種情況下為什麼李淵還不願意起兵反抗呢？其實他是在等李建成和李元吉從河東回到晉陽，然後才能起兵。為什麼？如果李淵公開反叛的話，他留在河東的兩個兒子就會有生命危險，因為河東還在隋朝的控制下。

我們從一本叫做《大唐創業起居注》的書裡找到了這樣的記載，李淵告訴李世民：「我之所以不早起兵，是因為你們兄弟還沒有會集起來。」《大唐創業起居注》是誰寫的？是一個叫溫大雅的人，他曾經擔任李世民的祕書。李世民的祕書總不會專門說反對他的話或者故意歪曲這個事實吧！李淵起兵不久，李淵的側室萬氏所生的兒子李智雲就被隋朝捕殺了。李世民明明知道自己的哥哥、弟弟還在隋朝控制地區，卻催著李淵趕快起兵，豈不是早就想借刀殺人嗎？如果說他連這一點都沒有考慮到，可見他的智商也不是很高，這是第一個漏洞。

第二個漏洞，唐朝的官方史書裡都說李建成、李元吉這些人在唐朝建立過程中沒有功勞，預先也沒有參與和李淵之間的密謀，因為沒有功勞所以就懷疑自己的地位不穩固。其實是怎麼回事呢？溫大雅的記載也完全不同。李淵為什麼讓李建成到河東去活動？因為河東是軍事戰略要地，李建成留在那裡有一項特殊使命，那就是結交當地的豪傑。李建成果然沒有辜負父親的期望，他在那裡大量撒錢，很客氣地對待那些有本領的人，於是他得到了當地民眾的擁護。等唐朝的軍隊打到霍邑的時候，河東沿黃河的老百姓爭先恐後送來了渡船，幫助李淵的軍隊渡黃河，可見李建成在這裡的活動已經收到了成效，怎麼能說他沒有功勞呢？他不僅參與了策畫，並且預先為李淵起兵做了鋪墊，打好了基礎，使李淵能夠順利地從太原出發進入關中。李建成和李元吉從河東趕回太原以後，就跟李世民一起指揮了關係到他們事業成敗的首次大戰，一舉攻克了西河城，從此安定了後方，奠定了進軍關中、直取長安的基礎。而在唐朝的正史史料裡，對這樣一個重要的戰役，只提到李世民奉了李淵的命令去征討西河，卻沒有提到李建成的功績。實際上，西河之役以後，李建成就被封為隴西公，統率左軍，而李世民被封為敦煌公，統率右軍。可以說在前期一系列的軍事活動中，比如定西河、取霍邑、包圍河東、屯兵永豐、據守潼關、攻克長安等，李建成都是直接參與者和指揮者。連屬於李世民一派的溫大雅都做了這樣的記載，當然，他寫這本書時還沒有預測到李世民兄弟之間以後的絕情，但是也不會貶低自己的主上李世民、抬高李建成，應該講他的記載比唐朝官方的紀錄、比經過修改的《高祖實錄》、《太祖實錄》更加真實可信。

李淵平定長安以後，自己稱帝，並馬上封李建成為太子，李世民為秦王，李元吉為齊王。作為儲君，李建成主要是幫助李淵處理日常政務。史書上還說，唐高祖怕他不熟悉政務，只要不是最重要的軍國大事，統統讓這位太子去處理作為鍛鍊，而且派了兩位德高望重的老臣李綱和鄭善果輔佐他。李建成是竇皇后所生，是嫡長子，立他為太子名正言順。李建成為大唐的創建也立下了赫赫戰功，他還掌握著東宮獨立的一支武裝——長林軍，並且又獲得了四弟齊王元吉的支持。高祖最信任的宰相裴寂是李建成忠實的支持者，唐高祖寵信的兩個妃子張婕妤與尹德妃也經常在唐高祖面前說李建成的好話。可見李建成接班人的地位是非常穩固的，完全沒有必要再搞什麼陰謀詭計。再來看唐太宗李世民，他當時是秦王，是次子，在正常的情況下絕無可能做皇帝，除非發生意外或者採取政變奪權，所以只有李世民才有必要背著唐高祖和李建成進行祕密活動。

李世民有沒有這個野心呢？其實早有端倪。即使在《舊唐書》裡也可以看到這樣的證據。《舊唐書．杜如晦傳》裡說李世民平定長安以後封了秦王，手下很多官員都被調到外地去做官，他心裡感到不安。這時候，他的謀士房玄齡告訴他：「其他人走得再多也不用可惜，但是杜如晦不同，他有輔佐帝王的才能。如果您只是想當一個藩王，安心做秦王，那麼杜如晦這種人是發揮不了太大作用的，但是如果您想經營四方、占有天下，非此人莫屬。」李世民聽後大吃一驚，說：「你要不說，我差一點失掉這個人才。」所以趕緊把已經被外放的杜如晦調了回來。

這些對話絕不會是出於史官的杜撰，肯定是貞觀年間史官的實錄，而這個實錄無非是要顯示李世民的英明——他早就看中了這個人才，但是卻在無意中暴露出他早就有了一爭天下的圖謀。當然，在這個爭奪中，唐高祖李淵的態度是非常關鍵的。東都之役以後，李世民以洛陽為基地逐漸擴充自己的勢力。武德四年（西元六二一年），李世民設立了文學館，把杜如晦、房玄齡、長孫無忌等所謂「秦府十八學士」召集在一起，在他的武將中間又有所謂「八百勇士」。這就引起了唐高祖的不滿，所以在武德五年（西元六二二年）的時候，唐高祖就對宰相裴寂說：「這個孩子帶兵的時間長了，又掌握了很大的權，被那些讀書人教壞了，不再是我原來的孩子了。」可見唐高祖已經洞悉了李世民的野心，還曾經當面斥責李世民：「皇帝是有天命的，不是靠智力就可以獲得的，你何必那麼急著想要呢？」李淵在確定接班人這個問題上，態度始終沒有變化，從來沒有傾向於李世民。從那時候開始，李淵就限制李世民的軍政權力。這一年四月，李淵將李世民的兵權轉歸齊王李元吉。不久，又罷免了李世民陝東道大行臺、都督山東河南河北諸軍事的職務，並把這個職務交給了太子李建成。陝東道大行臺、都督山東河南河北，就是說以洛陽為中心整個關東原本都是由李世民管轄的。這個職務當然非常重要，所以李淵就把這個職務從李世民手裡拿來交給了太子李建成，接著又把李世民的心腹房玄齡、杜如晦這些人調派到其他地方，不讓他們集合在李世民身邊。所以李世民在發動玄武門之變的前夜召見這些人密謀的時候，他們都是化裝後悄悄回來的。在這種情況下，皇位的合法繼承人——太子李建成如果要除掉企圖篡權的李世民，應該是相當容易的。

我們知道，後來成為李世民忠臣的魏徵以敢於犯顏直諫而名揚天下，為人正直的他當時正是李建成的謀士。大家想想看，要是李建成真是像唐太宗所描述的那樣荒淫無道，魏徵怎麼肯做他的謀士呢？當時魏徵也勸太子應該早一點把秦王除掉。儘管李建成也採取了不少維護自己地位、打擊秦王勢力的行動，但始終沒有採納魏徵除掉李世民的建議。

到了武德七年（西元六二四年），矛盾越來越尖銳。齊王李元吉自告奮勇要為李建成除掉李世民。據說李元吉讓他的護軍宇文寶躲起來準備刺殺李世民，但是被李建成發現了，李建成下不了手就制止了他們的暗殺行動。後來的史書上說，李建成日夜在李淵面前說李世民的壞話，這到底是不是事實呢？退一步講，就算真的都是事實，也只能說明李建成想讓他的父親做主，按照正常的程序解決兄弟之間的皇位之爭，而不願意骨肉相殘。玄武門之變之前，李建成已經接到了密報，說李世民在李淵面前狀告太子和齊王淫亂後宮，李淵準備找他們兄弟三人當面對質。當時李元吉主張把軍隊組織好，然後假託有病不去以便觀察形勢。但是李建成卻認為既然父親召見，就應該跟弟弟一起去見父親並親自說明情況，所以他沒有採取任何措施，坦然入宮，可見的確是「心頗仁厚」。而李世民在不利的形勢下，為奪取皇位，只有發動政變對自己的同胞兄弟下手。

由於唐太宗和貞觀史臣合謀篡改了歷史，今天要完全復原出玄武門之變的真相已經不可能了。但是完全可以推測，這是唐太宗蓄謀已久的一場政變，而太子建成跟齊王元吉卻毫無戒備，以致在獲得了明確的情報以後，也沒有採取對策，遭到伏擊後才奪命而逃。在武力威脅下的唐高祖李淵，也只能老老實實宣佈兒子建成、元吉的罪狀並殺死十個年幼的孫子，改立李世民為太子。轉移權力的手續完成後，他這個皇帝已經沒有什麼用了，所以又老老實實做了太上皇。

其實在二十二年前，也就是隋文帝的晚年，也發生了類似的一幕。據說太子楊廣因為有被廢掉的危險，於是發動了宮廷政變，殺死了他的父親和已經被廢掉的太子楊勇。所不同的是，這發動政變的人已經當了接班人，只是因為位子受到了威脅。隋文帝知道了楊廣的種種惡行，這使楊廣感到了威脅，所以就把他父親給殺了。我們想，要是當初李淵不願意接受李世民殺掉兄弟的事實、不主動配合的話，那麼尉遲敬德帶的這些武士完全可以製造出另一個結果，也許歷史書上就能看到說唐高祖李淵突然病死了，因為他當時已經六十歲。隋煬帝是作為一個亡國的暴君被記入歷史的，他的惡行被完完全全地記錄了下來，而導演了一場宮廷政變的李世民則被視為大唐帝國的締造者。提到唐朝歷史，很多人往往只知道唐太宗，而不知道在唐太宗之前還有他的父親唐高祖李淵。

我們可以看到，歷史的事實是一回事，歷史的事實怎麼樣記錄又是另一回事。這也就使我們更加明白唐太宗晚年為什麼千方百計要改寫那一段本來已經記載得很明白的歷史。不過話說回來，評價一個歷史人物，並不能只用道德的標準，而要根據他全部的功過做出評價，尤其是對帝王和政治領袖，主要還是應該看到他對當時所起的作用和對以後歷史所產生的影響，不必過於注重他個人的品德和他的私生活。儘管李世民是通過這樣一種殘酷卑劣的手段成了唐太宗，但是唐太宗的歷史貢獻還是應該得到充分肯定。誰當皇帝，只是一個個人的問題，但是當了皇帝以後做了什麼，那就關係到國家命運，關係到歷史。從今天我們所瞭解到的唐朝歷史來看，應該肯定唐太宗的貢獻，畢竟唐朝從這個時候開始走向了一個繁榮發展的階段。

當然，對史料也要認真分析，比如以前有的書上會這麼寫，因為唐太宗得到了各族人民的擁護，所以很多少數民族都給他上了一個尊號，稱他為「天可汗」。北方一些少數民族把首領稱為「可汗」，他們把唐太宗稱作「天可汗」，這可以說是最高級別了，是不是唐太宗真的如此受到那些少數民族的擁戴呢？歷史也留下了一些紀錄。被唐朝滅掉的突厥人留下了一些碑刻，這些石碑現在還在，通過破解上面的文字，我們得知突厥人記載的是他們家破國亡的歷史，他們可不會歌頌「天可汗」。歷史是很複雜的，不是唐太宗自己修改就能把真相完全遮蔽的。要評價一個歷史人物實在是不容易，有些地方見仁見智也是難免，但不管怎麼樣，瞭解歷史人物還要看他對歷史的全面影響。

馮道長樂

當是時，天下大亂，戎夷交侵，生民之命，急於倒懸，道方自號「長樂老」，著書數百言，陳己更事四姓及契丹所得階勳官爵以為榮。自謂：「孝於家，忠於國，為子、為弟、為人臣、為師長、為夫、為父，有子、有孫。時開一卷，時飲一杯，食味、別聲、被色，老安於當代，老而自樂，何樂如之？」蓋其自述如此。——《新五代史》

馮道長樂

中國人有兩句話，一句是「生不立傳」，即一個人活著的時候，別忙著給他寫傳記。為什麼?因為好多事都弄不清楚，而且只要人還活著隨時都可能會發生改變。還有一句話是「蓋棺定論」，也就是一般說來，等到這個人死了，棺材蓋子往棺材上一蓋，就可以給他定論了。但實際上沒有那麼簡單，不要說棺材蓋了蓋上，有的人死了多少年還可能給他翻案。什麼道理?因為評論一個人首先要根據史實，但並不是說他生前或者死了以後有些事情馬上就能弄清楚。還有，同樣一件事會有不同的評價，時代變了，價值觀念變了，評價也可能改變，所以並不是說蓋棺就定論了。

我們來看一個具體的人，他就是生活在五代十國時期的馮道。五代十國在唐朝滅亡以後到北宋建立之前，五十多年間換了五個朝代（梁、唐、晉、漢、周）。除了這五個朝代以外，北方還有契丹人建立的遼朝，同時還存在著十國。如果把所有的分裂割據政權算在裡面，還不止十國。除了國內的衝突以外，還有民族的衝突，比如當時契丹人對於漢族來講就是異族。實際上，建立梁、唐、晉、漢、周的不都是漢人，其中好幾個朝代的建立者是沙陀人，也就是突厥人的一支。生活在這樣一個時代當然是很不容易的，但是馮道做了幾朝的宰相，並且一直活到七十三歲，在五代這樣的亂世實屬不易。所以，有人稱馮道是不倒翁，他也一度自稱「長樂老」。在馮道剛去世的時候，包括修《舊五代史》的時候，對他的評價還是比較高的，但是到了歐陽修撰《新五代史》的時候就不一樣了，對他做出了完全相反的評價。歐陽修強調讀書人要講氣節，而馮道把氣節都喪盡了，因為他歷仕四個朝代，在六個皇帝手下做過宰相。用現在的話講，不就是有奶就是娘嗎？一點氣節都沒有。歐陽修把馮道貶得很低，認為這樣的人不足掛齒。剛開始的時候，我也很贊成這樣的說法。但是慢慢地，隨著對歷史瞭解的增加，我覺得事情沒有那麼簡單。該怎麼來看馮道？首先還是要看基本的史實，馮道究竟是個什麼樣的人、做過什麼事。

馮道生於西元八八二年，西元九五四年因病去世，瀛州景城人，也就是今天河北交河東北這一帶。唐朝末年，他先投奔了劉守光，做了參軍，也就是祕書。劉守光敗了以後，又改投河東的一個監軍張承業，在張承業手下當巡官。張承業看他文章寫得好，品行端正，就把他推薦給了晉王李克用。李克用是沙陀人，前面已經說過，沙陀人是突厥人的一支，但李克用已經在中原待了不少時間，而且因為對唐朝有功，被賜姓李，這意味著他和唐朝皇帝是一家人了，所以李克用的後代建立的朝代就還沿用唐的名稱，歷史上叫做後唐。馮道投奔李克用之後，擔任河東節度掌書記。後唐莊宗的時候，馮道任戶部尚書，這就正式踏上仕途了。到明宗的時候，馮道已經擔任宰相，成為文官中最高的一位。之後石敬瑭取代後唐建立後晉，石敬瑭和他兒子在位期間，馮道繼續擔任宰相。契丹人滅了後晉，他照樣擔任太傅。劉知遠建立後漢，他擔任太師。後周取代了後漢，他依然擔任太師。馮道一直是文官中最高級別的官員。周世宗柴榮要出兵征北漢，馮道認為沒有把握，所以極力勸阻，激怒了周世宗，不讓他跟隨軍隊一起出征，讓他負責監修周太祖郭威的陵墓。當時馮道已經病了，郭威的葬禮完成後不久，他就去世了，但依然被周世宗追封為瀛王。一個文官被追封為王，說明他當時的聲望的確很高。

馮道去世以後的一段時間裡，世人對他的評價一直還是很高的，但之後到歐陽修編《新五代史》時，對他的評價就不同了，歐陽修稱他無廉恥。但有一點，就是歐陽修對馮道的基本事實並沒有否認。也就是說，儘管對馮道的評價不同，但《新五代史》和《舊五代史》所記的馮道的行為基本是一致的。他的行為怎麼樣呢？說他很刻苦，生活方面非常節儉，在軍中當祕書的時候住在草棚裡，也不用床，就睡在草上。他的俸祿是和自己的隨從、僕人一起花的，跟他們吃同樣的伙食也毫不在意。在當時那樣的亂世，有一次有將士搶到了美女，非要送給馮道，他當然不願意，實在推不過，就另外找一間屋子把那個美女養著，等找到她的家人以後，再把她送回去。馮道的父親去世了，根據當時的規矩，他要辭職回鄉。回到老家的時候，正好遇到大饑荒，馮道家裡多少有一點錢財，他傾盡所有去救濟鄉民，自己卻住在茅屋裡，還親自耕田背柴。他倒也是能文能武，這些活都會幹。馮道看到有些人家裡農田荒蕪是因為餓著肚子或者家裡人死了而沒有辦法耕種，他就夜裡悄悄幫人家耕種。主人知道以後登門感謝，他卻說這沒有什麼值得感謝的地方，都是應該的。又因為他當過官，地方官就給他送禮，但他一概不收，可見馮道個人品行的確是很高尚。

馮道當官的時候也經常利用各種機會對統治者提建議。後唐天成年間，局勢比較穩定，相對風調雨順，馮道這個時候反而對皇帝講了一段他的經歷。他說自己之前曾出使到中山，經過太行山中間井陘天險的時候，因為害怕馬萬一有個什麼閃失，所以小心翼翼緊緊握著轡繩，倒沒有出事；但後來到了平地，沒有什麼顧慮了，結果突然之間從馬上跌下來受了傷。馮道的意思是說，在危險的境地因為考慮周到，反而比較安全；到了相對安全的地方，卻因放鬆警惕而易發生危險。所以他提醒皇上不要因為現在豐收又沒有戰事就縱情享樂。皇帝聽後又問他，現在豐收了，老百姓的生活是不是有保障了呢？馮道就說，糧價高了百姓買不起餓肚子，糧價低了農民的糧食不值錢也會受到損傷，歷來都是這樣的。

還有一次，臨河縣向皇帝進獻了一個玉杯，上面刻著「國寶萬歲杯」。皇帝當然很喜歡，拿來給馮道看。馮道卻說，這不過是前世留下來的有形的寶，而皇帝應該珍視的是無形的寶。皇帝就問他，什麼叫無形的寶？馮道說，仁義才是皇帝的寶，接下去又講了一番關於仁義的道理。後唐皇帝唐明宗是一介武夫，馮道講了一番後，他還不太懂，又不好意思多問，只好之後又找了其他文人給他做了一番解釋，這才多少明白一點道理。馮道擔任宰相以後，凡是有抱負、有知識、沒背景的人都儘量提拔重用，而唐朝末年以後留下來的那些世家顯貴或辦事浮躁的人必定被他抑制或者受到冷遇。關於這一點，不同的史書裡都是一致肯定的，可見這基本上都是事實。後唐明宗時期，馮道還利用他掌握的實權做了一件非常有意義的事，那就是把原來刻在石碑上的儒家經典統統雕版印刷，根據記載這是中國歷史上第一次把儒家經典用雕版印刷發行。當然，這也是由於當時中國的雕版技術已經非常成熟了。但是在五代這樣一個亂世，居然還能完成這麼大的文化工程，應該肯定它的歷史貢獻，其中起主要作用的就是宰相馮道。

大家可能說馮道這個人的人品倒是不錯，也做了不少好事，那麼歐陽修為什麼要稱他「無恥」呢？連司馬光在修《資治通鑑》的時候也罵他是「奸臣之尤」，意即奸臣裡最厲害的。即使是對他基本肯定的《舊五代史》，一方面讚揚他的品行如同古時候那些了不起的人，深得大臣之體，但另一方面也不得不對他的「忠」提出了疑問，說他一生侍奉了四個朝代，做了六個皇帝的宰相，能稱得上忠誠嗎？范文瀾的《中國通史》，書裡面用很大的篇幅批判馮道，主要也是針對他的政治道德。這些話單獨來看都對，但是要是聯繫馮道所處的實際環境的話，恐怕還是值得重新考慮的。歐陽修對馮道提出批評時大義凜然，但歐陽修生活在一個承平之世。宋太祖趙匡胤曾定下規矩，要優待士大夫，所以整個宋朝讀書人的待遇都很好。宋朝基本上很少殺官吏，做官的如果犯了罪，最多流放到南方或者海南島，一般是不判死刑的。對一些犯錯誤官員的懲罰往往只是降職，調到一個比較偏遠的地方。歐陽修幾經沉浮，還能夠官居一品，死了以後還被贈予「文忠」的諡號。但問題是如果歐陽修也生活在五代的話，他會怎麼辦？五代時期的君主、朝代像走馬燈一樣地換，所以歐陽修對馮道的道德審判恐怕沒有放到馮道所處的特殊歷史階段中加以考察。與歐陽修相比，馮道是非常不幸的，他處的時代是中國歷史上改朝換代最最頻繁的時期，他的仕途經歷了後唐、後晉、後漢、後周，還有契丹人建立的遼朝，總共十個皇帝，歷時三十一年。也就是說，他差不多平均每隔六年要侍奉一個新的朝代，這些皇帝中在位時間最長的後唐明宗和後晉高祖也只有八年。如果馮道生活在康熙、乾隆年間，三十一年甚至還不到皇帝在位時間的一半，更不用說改朝換代了。而這幾個朝代基本都是靠陰謀與武力奪取政權的，契丹則是趁亂入侵。十個皇帝中除了個別稍微像樣些，大都劣跡斑斑，可以說都是暴君、昏君。比如說晉高祖石敬瑭，他就是歷史上有名的靠出賣領土引狼入室的「兒皇帝」，他為了自己能當皇帝，不僅把燕雲十六州割讓給契丹，而且認比他年紀還小的耶律德光做父皇帝，自稱兒皇帝。

按照儒家的標準，這些皇帝都是「亂臣賊子」、「昏君暴君」，但事實上他們又統治了天下，連歐陽修也承認他們的正統地位，把他們列入本紀。本紀就是正史裡寫皇帝的部分，所以不管承認也好，不承認也罷，這五個朝代是中國歷史的一部分。那十個皇帝雖然大都昏庸無道，但是他們曾經是天下的統治者。所以說，當時的馮道又能怎麼辦？除非做隱士。諸葛亮有一句話叫「苟全性命於亂世」，但最終諸葛亮還是沒有苟全，他也出仕為官。若真是一直苟全下去，今天我們不會知道歷史上還有一個馮道。所以即使亂世亦出仕，畢竟治理國家的事務總歸要有人去做。如果當時有本領、有品德的人都苟全性命到桃花源去了，難道這個天下真的要全部交給那些「亂臣賊子」，讓他們到處殺人放火嗎？難道就讓劊子手來管理天下嗎？

歐陽修在批判馮道的時候，對比樹立了另一個典型。我當時看了這一段話感到毛骨悚然，為什麼？這個典型實在太厲害了。歐陽修說五代的時候，跟馮道同時的一個山東人叫王凝，在虢州也就是今天的河南靈寶做官，是虢州的司戶參軍。他在任上死了，因為沒有什麼積蓄，他的妻子李氏就帶著兒子把他的遺骸送回故鄉。當李氏帶著孩子走到開封的時候，到一家旅館去投宿。店主看她隻身一個女人，又帶了一個孩子，心裡有疑問，就不許她留宿。李氏看天色已晚，怕帶著一個孩子到外面不方便，所以不肯走。店主人就拉著她的手，要把她拖出去。李氏仰天大哭，說：「我作為一個女人，不能夠守節，這隻手難道可以隨便讓人拉的嗎？這已經玷污了我的身子！」所以馬上搶過一把斧頭把自己的手砍斷了。圍觀的路人對她都表示讚揚。歐陽修明知道這件事未必是真的，也許只是一篇杜撰的小說，但是卻評論道，一個女人尚且這樣，馮道難道就不能自愛嗎？從李氏這個例子不禁會想，雖然歐陽修讚揚她這麼做有廉恥之心，但像李氏這樣寧可砍斷自己的手臂也要守住所謂的「節」，究竟是不是值得？另一方面，如果歐陽修要求馮道以及當官的人都學李氏的話，那麼我們算算看，從西元九〇七年朱溫代唐一直到九六〇年趙匡胤黃袍加身，這五十多年間如果大臣只忠於一個皇帝，或者忠於一個朝代，那麼至少要自殺六次，這樣恐怕到宋朝開國的時候，文人都死光了。歐陽修如此批判馮道，他自己又做得怎麼樣呢？《宋史．歐陽修傳》裡提到，他幾次被人誣衊，他有什麼反應呢？最多也只是要求辭職，並沒有像他講的效仿李氏那樣斷臂，或者以死明志、以死守節。所以，這件事情如果現實一點來看的話就應該明白，馮道處在這樣一個亂世中，他如果要負起作為一個官員的責任的話，恐怕沒有像歐陽修事後指責的那麼簡單。

馮道另一個污點是對契丹人的態度，因為那個時候馮道做過後晉高祖石敬瑭的宰相。石敬瑭為了討好契丹，派馮道出使契丹，認為只有馮道這樣地位聲望的人，才能夠到契丹完成任務。馮道經驗豐富、老於世故，知道不去是不行的，所以索性表示心甘情願。到了契丹，契丹皇帝想讓他留在契丹，問他願意不願意。馮道話講得很漂亮，他說：「南朝是子，北朝是老父，對我來講都是主子，沒有什麼區別，要留就留吧！」實際上他是不是真想留在契丹呢？

馮道把契丹賞賜給他的東西統統都賣了用來買炭、買柴，對別人說北方冬天太冷，老年人受不了，所以多備一點木炭，多打一點柴火，看上去他好像要長期住下去了。契丹皇帝後來同意他返回了，他又三次上表要求留下來，三次都被契丹皇帝拒絕，之後他又拖了一個多月才慢慢上路，路上邊走邊歇，走了兩個月才走出契丹，跟著他的人表示不理解，問他：「得到命令可以離開了，逃之唯恐不及，你怎麼走得這麼慢？」馮道說：「走得再快有他們的騎兵快嗎？」要說馮道心甘情願留下為契丹服務這倒未必，這不過是一種韜晦的手段。

契丹滅了晉朝後，遼太宗耶律德光到了開封，召見馮道。見面後耶律德光問他：「你為什麼會來見我啊？」馮道倒回答得很乾脆：「我手裡無城，沒有根據地，也沒有兵，怎麼敢不來？」耶律德光又問他：「你是一個什麼老東西啊？」馮道就回答：「我無才無德，又蠢又頑固，就是這麼一個老東西。」耶律德光聽了以後轉怒為喜，說：「既然這樣你就繼續擔任太傅吧。」有一次，耶律德光又問他：「怎麼才能解救天下老百姓？」馮道說：「現在就是佛祖在世也救不了，只有靠皇上您了。」儘管馮道服從了契丹人，但是應該承認，由於他擔任了這個職務，多少緩解了契丹殘暴的舉措，使他能夠在暗中保護漢族的士人。後來契丹人決定撤退，把馮道和其他漢族大臣一起統統帶走。馮道被遷到常山後，發現有不少中原士仕被軍隊掠來，於是就拿出錢，把她們都贖出來暫時寄養在尼姑庵，為她們尋找到家人以後再把她們送回去。

不久，耶律德光死了，漢人軍隊起來反抗遼兵，馮道就到戰地去慰問將士，使軍心大振。以後失地收復了，漢族軍民也漸漸安定了下來。

對上述這些事情怎麼分析呢？當然，我們可以批評馮道出使契丹或者為了貪圖後晉的爵祿而應遼主之召到開封是與敵為伍的行為，但不能說他這樣做僅僅是為了自己的利益。為什麼？因為當時契丹軍隊只占領了開封這一帶，他自己如果不到開封去，並不會有什麼危險。而以他的身份，如果去投奔其他的割據政權，肯定也會受到歡迎。但他冒著風險從敵人還沒有占領的地方到被敵人占領的首都去，直接跟對立政權的將領打交道，這說明什麼？當然，當時也有一批文武官員「賣國求榮」，爭著當兒皇帝、孫皇帝，對遼國唯命是從，也有人趁機燒殺搶掠、大發横財。比較起來的話，馮道雖算不上是大智大勇，但他的作為畢竟對局面的穩定還是有好處的。所以這就有一個問題了，像馮道這樣稱得上知識份子的人在亂世到底應該如何處事？這也是長久以來這麼多人試圖通過馮道來尋找在亂世為人處事道理的原因。

一個人處在亂世，應該怎麼來實現自己的價值？怎麼來發揮自己的作用呢？司馬光和歐陽修認為：「君有過則強諫力爭，國敗亡則竭節致死。」這就是說，皇帝如果有過錯，一定要跟他爭論，一定要使他有所認識；等到國家即將敗亡了，那就要為他效忠，這樣才算忠。但是他們也知道，唐朝以後出現了五代的亂世，「群雄力爭，帝王興廢，遠者十餘年，近者四三年」，在這種情況下，如果要求臣子、知識份子一次次為盡忠而死是辦不到的，於是他們又提出一個標準：「邦有道則見，邦無道則隱，或滅跡山林，或優遊下僚。」就是說如果這個國家比較講道、有道，能夠治理，那麼就出來做官；當這個國家無道、不講道理，亂了，那麼就應該隱居山林，或者在下面做一個小官。根據這個標準來看馮道，無論邦有道還是邦無道他都不隱，一直在做官，而且不做小官，都是做最大的官，這就不行了。我們想想看，他們這些話有可行性嗎？在亂世之中，有幾個人可以安逸地做隱士，沒有錢、沒有勢、沒人保護，隱得了嗎？在專制社會裡，皇帝跟統治階層會讓你隱居嗎？

明朝的開國皇帝朱元璋就曾創造一條新的法律，說士大夫如果不願為皇上所用，可殺頭、滅族。也就是說，士人連選擇不合作的自由都沒有了。天地雖大但能躲到哪裡、隱居到什麼地方去呢？再說，大官跟小官有沒有嚴格的區別、本質的不同呢？當大官是失節，當小官就不是失節了嗎？實際上在亂世無論大官、小官都不得不服從現實，大官要做的事小官往往更加推辭不掉，所以我覺得這個道理是講不通的。相反，在這樣一個時代，百姓要繼續生活，社會的秩序還要維持，像馮道這樣的人，儘管他不具有道德榜樣的力量，但是如果在不脫離當時實際的情況下，我們對他的行為還是應該予以一定程度上的理解。當然，對馮道這個人以及他的歷史作用、有關他的道德爭論還會繼續下去，但是我們評價一個歷史人物不能離開歷史事實，首先要看他做的是什麼事，看他在當時有什麼影響。

馮道晚年曾經寫過一篇文章叫做〈長樂老自敘〉，他在文中說：「我不能為皇帝實現統一、安定八方，有愧於我歷來擔任的這些官職。」他說這話，可見他對自己也不敢充分肯定。但是設身處地想一想，在當時這樣的亂世，馮道這樣的人是不是一無是處呢？沒有了這樣的人，是不是有更好地消除當時社會矛盾、為百姓服務的辦法呢？這也是我舉出馮道這個例子來跟大家一起分析探討的原因。

亡國諸君

太宗即位，始去違命侯，加特進，封隴西郡公。太平興國二年，煜自言其貧，詔增給月奉，仍賜錢三百萬。太宗嘗幸崇文院觀書，召煜及劉，令縱觀，謂煜曰：「聞卿在江南好讀書，此簡策多卿之舊物，歸朝來頗讀書否？」煜頓首謝。三年七月，卒，年四十二。廢朝三日，贈太師，追封吳王。——《宋史》

亡國諸君

五代十國的人物中，除了馮道，還有不少值得我們去瞭解。這裡再說說兩個人物，並且進行對比。一個是南唐後主李煜，他是在西元九七八年去世的。另一個是錢俶，很巧，也是在九七八年，他不得不做出最後的抉擇：上表獻出吳越國的十三州、一軍、八十六縣。這兩個人是同時代的人，選擇不同，結局也不同。

北宋太平興國三年也就是西元九七八年的三月，在開封城一座住宅裡，李煜結束了他四十二歲的生命。這位前南唐國主三年前剛剛由「違命侯」改封為「隴西郡公」，也許在他生命最後的時刻，他又在吟誦自己寫的那首詞：「春花秋月何時了，往事知多少。小樓昨夜又東風，故國不堪回首月明中。雕欄玉砌應猶在，只是朱顏改。問君能有幾多愁，恰似一江春水向東流。」他死得不明不白，有人說他是被毒死的，有人說他是在憂憤中病死的。他死了以後，宋朝皇帝追贈他為太師，又追封為吳王，為了表示對他的哀悼，還專門停止朝會三天。

但是另一個人的死卻又是另一番景象。十年以後的端拱元年即西元九八八年八月二十四日，剛剛被改封為「鄧王」的前吳越國王錢俶正在歡慶他的六十大壽，朝廷特意派使者賜給他很多賀禮，還賞了他宴席。一向對朝廷極其恭敬的錢俶一直飲至日暮時分。可是當天夜裡，錢俶突然死亡。皇帝專門發表了哀悼的文告，追封他為「秦國王」，還賜諡號「忠懿」，停止上朝七天，特地派使者護送他的靈柩歸葬洛陽，可謂備極哀榮。這個時候距離五代十國最後一個割據政權北漢被滅已經十年，投降宋朝的這些前國君中只剩下北漢國主劉繼元還活著。劉繼元在兩年前被封為保康軍節度使，安置在非常閉塞的房州，也就是今天湖北的房縣。三年之後，劉繼元也死了。

在中國歷史上，宋朝對待亡國之君應該是最優厚的。儘管有好幾位君主死得不明不白，但最後無不被厚葬，子孫也享盡榮華富貴。但是由於這些前國君對待被統一的態度不同，遭遇有很大的差異。兩個極端例子就是李煜和錢俶。

先來看看南唐主李煜是怎麼對待趙匡胤統一的。後周顯德三年也就是西元九五六年，周世宗柴榮親征南唐的淮南，兩年以後就完全占

《雪夜訪普圖》是描寫宋太祖趙匡胤退朝之後，於風雪之夜造訪重臣趙普，並和他策劃結束十國割據局面的故事。

據了南唐長江和淮河之間的土地，兵臨長江。南唐主李璟只能求和，把江北的十四個州、六十多個縣都割讓給北周，劃江為界，向後周稱臣。南唐主在國內也不敢稱皇帝了，只稱國主，使用後周的年號，南唐降到了屬國的地位。趙匡胤取代後周建立北宋以後，李璟繼續保持恭順，每年上貢大量的金銀、土產。到了宋太祖建隆二年也就是西元九六一年，李璟死了，李煜繼位，李煜對宋朝更加小心謹慎。李璟死了，李煜想追封他為皇帝，但是又不敢，因為李璟死前已經只稱國主了。為了這件事，李煜還專門派特使到北宋去請示，得到宋太祖的批准以後才敢追封。

宋朝軍隊中有一些原來是南唐將士，他們自己投降了，家屬還留在南唐境內，宋朝就命令李煜把這些家屬都送到北方去，李煜也完全照辦。李煜每次得知宋朝出兵打了勝仗或者有什麼喜慶，必定要派特使去祝賀，並且趁機獻上大量的金銀珍寶、糧食土產。等到宋朝滅了南方的南漢政權，李煜又主動要求把國號也去掉，改稱南國主或者江南國主。他還請求趙匡胤在給他詔書的時候直接用他的名字，不要再加什麼稱號了。南唐國內的機構也全部降低規格。李煜說他能做的都做了，但只有一個願望，就是希望宋朝能夠保持他一個小小屬國的地位，讓他繼續做國君。但這無異於與虎謀皮，因為即使再服從，趙匡胤還是要統一天下，這是推遲不了的。

到了開寶七年也就是西元九七四年，趙匡胤下令讓李煜到開封來朝見。李煜當然知道，這是有去無回的，所以稱病不去。這就被宋朝廷找到了藉口，說他表面上服從暗底下卻在備戰，現在公然拒絕來朝見，就意味著要跟宋朝決裂，於是宋朝就出兵了。但實際上，天地良心，李煜是不會備戰的，也備不了戰，為什麼？宋兵只要一進攻就勢如破竹，而且李煜這個人根本沒有心思打仗，他也不會打仗，所以這顯然是宋朝的藉口。事實上，在備戰的恰恰是宋朝。宋朝在長江中游造了幾千艘戰船，而且在幾個關鍵的地方精心觀測，準備造浮橋，還進行了演習。在大軍壓境的情況下，李煜還寄希望於祈求宋朝對他憐憫，所以派他的堂弟獻上二十萬匹絹、二十萬斤茶葉，還有大批金銀財寶，連他自己的用品都獻上去了，但結果是他的堂弟被扣為人質。等到宋朝兵臨城下，李煜再次派他的大臣徐鉉去求見趙匡胤。徐鉉跟趙匡胤說：「李煜沒有罪，你師出無名。李煜對待你像兒子對待父親，從來沒有過失，你怎麼還要消滅他呢？」趙匡胤回答：「你說我們是父子關係嗎？既然是父子，為什麼還分兩家呢？」徐鉉無話可說。一個月以後，南唐的都城江寧府也就是今天的江蘇南京已經危在旦夕。徐鉉再一次出使，最後一次請求趙匡胤保全南唐，他不斷爭辯，趙匡胤勃然大怒，手裡按著寶劍說：「不要再多說，江南有什麼罪？沒有什麼罪，但天下一家，我的臥榻旁豈容他人在那裡打鼾呢？」這句話成為了歷史上的名言：「臥榻之側，豈容他人鼾睡？」

趙匡胤講得很明白，就是要統一，統一是大勢所趨。他認為只要是為了統一，就都是正義的，不需要找什麼手段，用不著什麼藉口，這是趙匡胤的政治信念。開寶八年（西元九七五年），江寧城破。李煜只能出宮門投降，並和他的宰相湯悅等四十五人作為俘虜被帶到開封。不過趙匡胤也很高明，並沒有太為難他。照理對這樣的俘虜要上身赤膊、反縛雙手、雙膝跪地，舉行請降儀式，但趙匡胤只要他穿上白衣服、戴上白紗帽在宮城樓下聽候處分，並馬上就宣佈赦免他的罪，封他為光祿大夫，又給了他一個多少帶有些羞辱性的稱號「違命侯」。意思就是說他雖然是侯，但不識時務。直到第二年，趙匡胤的弟弟宋太宗繼位以後，才把他這個帽子摘了，改封為「隴西郡公」，賜他一個公爵。

但問題是，當慣了小國國王的李煜還是一個多愁善感的文人。他投降宋朝以後，日子很不好過，在太平興國二年（西元九七七年）就曾向皇上申訴生活困難，大概是俸祿也比較少。宋太宗下令增加他的月俸，並且給他一次性補助了三百萬錢。在精神上，李煜也是非常痛苦的。宋太宗新建了一個崇文院，就是皇家圖書館，裡面藏了八萬卷書，但相當多的書是從南唐繳獲的。有一天，宋太宗在崇文院看書，把李煜和南漢的前國主兩人找來，叫他們來翻翻書，然後問李煜：「聽說你在江南的時候喜歡讀書，這裡不少書原來都是你的。你到了這裡以後，是不是還經常讀書呢？」李煜說不出話來，只能磕頭謝罪。為什麼？他要說不讀書，那麼肯定要被譏笑，就像當年的劉禪劉阿斗跑到洛陽樂不思蜀，現在連書都不讀了；而他要是跟皇帝說仍然讀書，說不定宋太宗又要讓他談談心得體會，那他怎麼談，不是更糟糕嗎？所以他只有跪下來磕頭。前南漢主劉鋹倒是厚顏無恥的人，反正皇帝也不問他，要是問他，他也會拿笑話來應答。在宋太宗進攻北漢的都城晉陽以前，曾經舉行過一個宴會，當時劉鋹就站出來說：「朝廷現在影響深遠，四方分裂的頭子今天都在了，過兩天打向太原，劉繼元也就來了，我是第一個投降的，所以到時我應該做所有投降國主的領班。」這話說得宋太宗哈哈大笑。

如果李煜像劉鋹這麼厚顏無恥的話，說不定日子也會過得很好，可惜他不是這樣的人，所以經常抒發亡國的哀痛。此外，李煜個人生活也很不幸。他的皇后很漂亮，宋朝皇帝經常召她進宮去伺候，每次從宮裡出來回到家裡，少不了又哭又罵。在這樣的內外交困中，多愁善感的李後主即使不被宋太宗毒死，大概也活不長。李後主的確是一個了不起的文學家，但是作為國君真是沒有什麼作為。應該講李煜也不是一點不識時務，在他繼位以

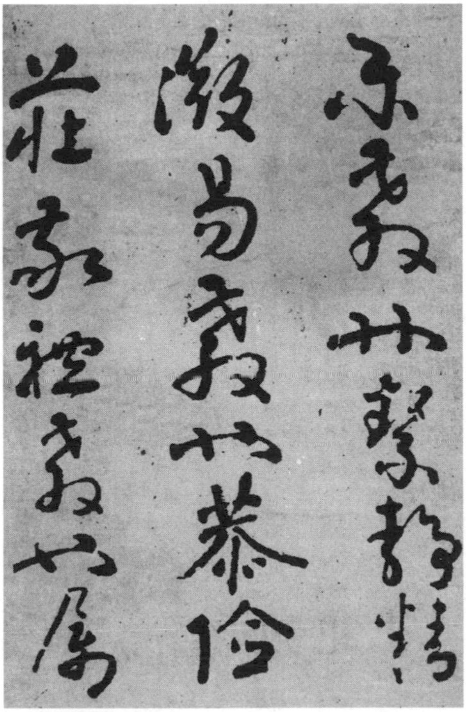

李煜被譽為五代最有成就的詞人，但卻是中國歷史上極不稱職的皇帝之一。歐陽修在《新五代史》中批評李煜：「性驕侈，好聲色，又喜浮圖，好高談，不恤政事。」

前，南唐除了服從後周和宋朝以外，已經沒有什麼選擇的餘地了，即使南唐最強盛的時候，領土也不過今天淮河以南的安徽、江蘇和江西，還有湖北東部、福建西部。即使不考慮跟中原王朝原來的君臣關係，南唐想和後周抗衡也不是容易的事。等到淮南喪失，與後周劃長江為界，雙方實力的差距更大了。如果李煜不是做出投降的選擇，真是在認真備戰，或許能夠勉強支撐一段時間，造成宋朝軍隊一些傷亡，但最終還是要覆滅的。如果這樣的話，百姓的生命財產就會遭受更大的損失。比如說在南唐舉國投降的時候，江州指揮使胡則就殺掉了他的上司江州刺史，固守江州即今天的九江，守了多少時間呢？守了四個月，最後城破被殺。胡則自己當然稱得上是信守道德的一個典範，求仁得仁，但是可憐的滿城百姓因為他的抵抗被全部屠殺。所以我想，假如李煜像胡則一樣以死抗爭的話，整個南唐可能就會成為一片屠場。儘管李煜沒有抵抗，但是在當時那樣的形勢下，還是一個明智的選擇，一定程度上也是對歷史的貢獻。如果李煜真的有本領能抵擋住宋朝軍隊的進攻，固守住南唐，那是不是歷史就要改寫呢？這個歷史大概也不會改寫，即使換一個人當皇帝、換一個政權取得勝利，最終還是要歸於統一的，所以李煜就是這麼一個悲劇的人物。

另一個人呢，其實面對的形勢跟李煜差不多，但更加識時務，所以結局比李煜要好，對歷史的貢獻也可以說更大，這個人就是錢俶。錢俶是吳越王，吳越的領土大致相當於今天浙江和江蘇的南部。他的祖父錢鏐是靠鎮壓黃巢起義占有這塊地方的，這一塊小小地方之所以能夠割據，也是利用了中原王朝忙於爭權奪利、鎮壓其他勢力而無暇旁顧。到吳越國的後期，一度占有今天福建的北部，但問題是，當時北方的北周跟宋朝也更加強大了，想做軍事抵抗是絕無可能的。所以錢俶始終服從中原王朝，誰掌握了中原政權就服從誰，後周時期就被授予天下兵馬都元帥，趙匡胤時又封他為天下兵馬大元帥。當然，這個所謂天下兵馬大元帥也只是一個名義上的稱謂。

後漢年間，南唐曾經進攻福州。錢俶就出兵俘擄了南唐將領查文徽，還向北方的後漢報捷。到了後周顯德年間，周世宗親征淮南，要錢俶出兵配合，錢俶就派了一個將軍包圍了今天常州一帶，活捉了當地的地方官，接著又派人去進攻今天安徽的宣城。雖然後來南唐又收復了常州，但是周世宗對於吳越的好意當然是記住的。吳越唯朝廷之命是從，當然得到朝廷格外的恩寵。趙匡胤取代後周以後，錢俶又增加了上貢的數量，並在乾德元年（西元九六三年）派自己的兒子錢惟濬去進貢，趙匡胤對他很滿意。但另一方面，趙匡胤的目標是統一，他有自己的計畫，不會因為錢俶對他特別恭敬就改變主意。所以在開寶五年也就是西元九七二年，趙匡胤讓使臣帶信給錢俶：「你要經常訓練軍隊，現在江南（南唐）的態度很倔強，我隨時要發兵討伐，元帥要幫助我。」趙匡胤還命令有關部門在開封的幾個街區裡建起了華麗的住宅，傢俱一應俱全。他召見吳越在北宋的進奉使，說：「我已經在城南造了這些住宅，就等李煜和你們的主人了，誰先來我就把最好的房子賜給他。」趙匡胤親自寫了詔書，讓使者帶回去交給錢俶。

開寶七年（西元九七四年），宋朝的軍隊出兵攻打南唐，趙匡胤又派人封錢俶為升州東面招撫制置使，讓他從東面配合，還賜給他戰馬、武器，並且派了軍隊給他當前鋒。其實說是充當前鋒，實際上就是去監控吳越軍隊的。這個時候，南唐後主李煜給錢俶送了一封信，說：「今天沒有了我，明天難道還有你嗎？你為宋朝賣命幹什麼呢？你的下場也不過是到開封城裡做一個老百姓罷了。」錢俶非但不答覆他，還把這封信上交朝廷表示自己的忠誠。他還不顧左右大臣的勸阻，親自率領五萬大軍攻下了南唐的常州，又派大將沈承禮隨宋朝軍隊攻下了潤州，也就是今天的鎮江，逼進金陵即南京。其實趙匡胤根本就不在乎吳越國那一點兵力，命令錢俶出兵的目的，無非是考驗他服從的程度，並且趁機把他這支小小的軍隊控制起來。這個時候，趙匡胤又提出了新的要求，他說：「現在你立了大功，平定了南唐以後，是不是來跟我見見面啊！」趙匡胤也知道錢俶怕有去無回，就保證說讓他及時返回，不會一直留住他的，並且表示自己已經在天地面前發過誓，絕不會食言。

錢俶只好帶了老婆孩子去開封朝見趙匡胤。趙匡胤以最隆重的儀式來接待他，還派自己兒子到河南商丘即已離開封很遠的路上去迎候。在錢俶到達的時候，趙匡胤親自到為他準備的住宅（禮賢宅）去檢查接待工作情況。錢俶一到開封就成為了這個住宅的主人。其實李煜比他早到，但因為是亡國之君，當然喪失了入住最高級住宅的資格。錢俶也知道此去風險很大，所以帶了大量金銀財寶，不斷地上貢。趙匡胤接見，他馬上就獻上白金四萬兩、絹五萬匹。趙匡胤賜宴，他又進獻。南方的金銀財寶、茶葉，甚至犀角、象牙、香藥，都帶著去了，拚命地送禮。趙匡胤也給他最高的待遇，特地恩准他「劍履上殿，書詔不名」，就是上殿的時候可以帶上寶劍，不用在皇帝面前稱名，而且還封了他的老婆為吳越國王妃。當時就有宰相提醒趙匡胤：「現在我們國家的制度從來沒有封異姓諸侯王的妻子稱妃子的，錢俶地位再高，也不是趙家的，所以他的老婆不應該封為妃子。」趙匡胤說：「那就從我這一朝開始吧。」這都是對錢俶特殊的恩寵，於是錢俶又趕快獻上白金六萬兩和絹六萬匹。

趙匡胤不僅僅把錢俶當成臣子，還舉行家宴，讓自己的兩個弟弟都來，與錢俶行兄弟之禮。錢俶嚇得馬上跪在地上磕頭，一面哭一面推辭，稱這實在承受不起，皇帝的弟弟和他稱兄道弟這怎麼行呢？到了四月，趙匡胤又說：「天氣快熱了，你可以早些回去。」錢俶當然是喜出望外，就說：「我以後每三年來一次吧！」趙匡胤說：「路太遠了，下次什麼時候來，我會通知你的。」於是把錢俶的兒子錢惟濬留了下來，然後就讓錢俶走了。臨走的時候，趙匡胤特別賜給錢俶一個密封的包裹，讓他到路上悄悄打開來看，現在不要看。等錢俶上了路，打開來一看，原來裡面全部是宋朝的大臣要求把他留下來不讓他回去的奏章，錢俶嚇出一身冷汗，但心裡對趙匡胤更加感激。

趙匡胤是不是真的不想取消吳越國，是不是真的對錢俶放心了呢？不是。趙匡胤之所以還要保留他，是因為在吳越國的南面還有一個割據政權，那就是福建漳州、泉州一帶的陳洪進。如果能讓陳洪進也和平投降，對國家當然是有好處的。要做到這一點，就要先保留著吳越國，讓陳洪進看看聽話服從、識時務會是一個什麼樣的結果。所以，錢俶最終的結果其實已經註定了。兩年以後，趙匡胤來不及看到統一突然去世了，他的弟弟宋太宗繼位。這一年三月，宋太宗命令錢俶入朝。這一次錢俶又帶了大量的金銀財寶和土產禮品，他以為像上次一樣去了以後還可以回來。宋太宗倒也是隆重地接待，但到了四月份，同時被要求入朝的陳洪進向朝廷獻出了土地。錢俶一看這個形勢，趕快請求撤銷吳越國王和天下兵馬大元帥的稱號，將軍隊交給朝廷，並請求允許他回國，但這一次他被拒絕了。錢俶知道最後選擇的時間到了，所以乖乖上表，獻出十三個州、一個軍和八十六個縣。宋太宗立即批准，並且對他大加封賞，封他為淮海國王。錢俶的子弟、所有的下屬統統加官晉級。不久以後，由一千零四十四艘大船組成的船隊將錢俶的直系親屬和境內的重要官吏統統送到開封。

至此，五代以來南方的割據政權全部被消滅了。錢俶識時務的抉擇使他到宋朝以後的處境跟李煜截然不同，在所有的亡國之君中，只有他一個人被封為王，並且一直保持到死，錢氏的子孫也出了不少顯貴，成為少有的大族。百家姓是在宋朝時候編的，最前面的四個姓是趙錢孫李，趙是皇帝家，錢就是錢俶的錢家，這個位置排得還是很高的。直到今天，江南很多姓錢的人都知道，自己是錢鏐、錢俶的後代，還在祭祀他們。

錢俶活了六十歲，在當時已經算是比較高壽了。儘管他的死有一點疑問，但是我們不去妄加推測是否有陰謀，也許只是他高興過度心臟病發作而自然死亡。在所有的歸降國主中，錢俶應該是最受到禮遇的。我們也應該看到，由於吳越國採取了這樣的政策，使江南最富庶的地方一直沒有受到戰亂破壞。從唐朝後期開始，江南經濟的發展一直延續不斷，蘇南、浙北從此成為全國經濟最發達的地方。到了宋朝，就有了「上有天堂，下有蘇杭」這樣的說法。還有一種說法，「蘇常熟，天下足」，蘇州、常州這一帶要是豐收了，全國都有飯吃了。到了明清時期，蘇南、浙北地區不僅在經濟上繼續領先於全國，還成為文化最發達的地區。現在總結歷史，不能不肯定宋朝和錢俶雙方所做的貢獻。正是由於宋朝及時的統一，而且錢俶又採取了務實的政策，保證了這一帶最終成為中國經濟文化最發達的地區。

最後來看看宋朝對這些割據政權的君主的處置，無論他們是主動歸降的，還是戰敗被俘的，趙匡胤兄弟倆一概不殺，而且還都給他們封了爵位，這一點比以前的君王應該說大大進步了，也顯得更加人道。但這些人顯然大都沒有善終，要不他們的平均壽命就太低了。比如原來統治湖南的周保權，他是在西元九六三年被俘的，到西元九八六年就死了，終年三十四歲。原來統治荊南的高繼沖，西元九六三年投降，西元九七三年卒，終年三十一歲。後蜀的國王孟昶，西元九六五年投降，到開封後沒有幾天突然就死了，終年四十七歲。南漢的國王劉鋹，西元九七一年投降，西元九八〇年卒，終年三十九歲。北漢的國王劉繼元，太平興國年間投降，西元九九一年卒，雖然他生年不詳，死時也不知道到底多大年紀，但是他死以前實際上已經被隔離了。南唐後主死時四十幾歲。吳越王活得比較長，死時六十歲。只有漳州、泉州一帶的陳洪進，西元九七八年主動獻地，西元九八五年病死，死時七十二歲，大概是壽終正寢的。也許有人想要繼續追蹤這些人死亡的原因，可惜史料有限。

無論怎樣，我們要看到，從安史之亂開始延續了兩百多年的分裂割據局面在宋朝時結束，而那些被宋朝用種種手段消滅的割據政權沒有一個能復辟或者出現反覆，也沒有哪一位已經投降的國王再被分裂割據勢力利用。比起其他朝代，宋朝的內部也是最安定的，從來沒出現過有影響的分裂割據勢力，連規模稍微大一點的叛亂都沒有發生過，宋朝的經濟也得到了空前的發展。如果我們看到這些的話，我想就沒有必要再追究那些投降的國王們究竟是怎麼死的了。但是，不同的選擇導致了不同的結果，這一點又一次被宋初統一過程的歷史所證明。

天書封禪

真宗大中祥符元年，兗州父老呂良等千二百八十七人及諸道貢舉之士八百四十六人詣闕陳請，而宰臣王旦等又率百官、諸軍將校、州縣官吏、蕃夷、僧道、父老二萬四千三百七十人五上表請，始詔今年十月有事於泰山。……以王旦為大禮使，王欽若為禮儀使，參知政事馮拯為儀仗使，知樞密院陳堯叟為鹵簿使，趙安仁為橋道頓遞使，仍鑄五使印及經度制置使印給之。遣使詣嶽州，採三脊茅三十束，有老人黃皓識之，補州助教，賜以粟帛。——《宋史》

天書封禪

天書封禪是發生在北宋真宗年間的事，什麼叫天書封禪？天書就是上天賜予的文字。封禪，說來話長，這是中國古代帝王認為的一種最隆重的儀式。早在戰國時期，齊國、魯國也就是今天山東這一帶的儒生和方士就認為天下最重要的山有五座，叫做五嶽，其中泰山最高，為五嶽之首。既然泰山最高，就離天最近，所以他們認為統治者應該登上泰山之巔築壇祭天，這就稱之為「封」。封好了以後，在山南的梁父山找一塊地方舉行一次祭祀，就叫「禪」。二者合起來就是「封禪」。為了給自己的主張製造歷史根據，他們就編造了故事，說堯、舜、禹都封過禪。據說孔子也承認「封泰山禪乎梁父者七十餘王」，就是說在歷史上有七十多位統治者曾經到泰山以及梁父山封禪過。但是，孔子認為，從西周以後沒有一位君主有這樣的資格，只有了不得的聖人才有資格舉行這樣大規模的典禮。

儒家把封禪說得這麼了不得，所以君主們當然要試一試。齊國近水樓臺，齊桓公被諸侯尊為霸主以後就準備要封禪了，但是他的相國管仲知道他還不夠資格，所以跟他說：「自古以來帝王都是在『受命』以後才封禪的。」齊桓公就反問：「我的功績比起古代『受命』的君主來，又有什麼不如呢？」管仲知道一下子說服不了他，要是說他沒有受命他肯定不高興，怎麼辦？管仲就給齊桓公出了一道難題：「您知道封禪需要用什麼東西嗎？要用鄗這個地方產的黍，北里這個地方產的禾，江淮之間產的三脊茅草，東海的比目魚，西海的比翼鳥，還必須出現鳳凰、麒麟、嘉穀等各種祥瑞。這些您現在有嗎？」鳳凰、麒麟誰都沒有見過，嘉穀之所以被稱為嘉穀可見不是普通的穀子，說明這些都是人間罕見的東西。齊桓公當時雖然武功赫赫，但是並沒有去做過什麼「學術研究」，也沒有得力的人幫他宣傳，一時造不出這麼多祥瑞，封禪也只好不搞了。魯國離泰山更近，魯國的貴族季氏掌權以後，不知天高地厚地到泰山去祭天，結果被孔子譏笑了一番。

在滅了六國後三年，秦始皇親自到了泰山腳下，要舉行封禪。秦始皇召集齊魯的儒生博士七十多人，要他們制定封禪大典的流程。因為當時天下一統，儒生再也不敢拿「受命」來壓秦始皇。什麼叫「受命」，就是接受了天命的意思。秦始皇已經統一天下，把六國都滅了，還敢說他沒有接受天命嗎？那些儒生認為這是顯示自己學問的好機會，引經據典、旁徵博引，展開了激烈的「學術討論」。秦始皇看這些書呆子爭個沒完沒了，也提不出一個很好的方案，乾脆不睬他們，按照秦國原來在自己老家雍（今陝西鳳翔）祭上帝的辦法舉行封禪典禮。那些知識份子白忙了半天，一點作用都沒有發揮，心裡都很生氣。正好秦始皇上泰山的路上碰到暴風雨，於是就成了儒生譏笑的對象。看吧，不顧我們「科學的論證」，非要用土裡土氣的禮節去封禪。而且秦朝很快就滅亡了，儒生成了有先見之明的人，秦始皇則成了「無德而用事」的典型。這樣一來，封禪的意義就更加崇高而偉大了。

不要說帝王，就是一般的知識份子，也都希望有機會親身經歷這麼一個千古難逢的盛典。西元前一一〇年，漢武帝封禪泰山，卻沒有帶上主管天文、歷史和國家檔案的太史令司馬談，也就是司馬遷的父親，這使司馬談感到受了羞辱，氣憤之下一病不起。臨終的時候，司馬談拉著兒子司馬遷的手，邊哭邊留下遺囑，說：「皇上這一次到泰山封禪，繼承了已經斷絕千年的傳統，我作為太史竟沒有資格跟他去，實在是命運太差了，這是我的命啊！我死了以後，你一定要繼續做太史令，千萬不要忘了我想要完成的著作。」司馬遷低頭哭著，接受了父親的遺命。要是沒有這次封禪，要是司馬談沒有被漢武帝留在京城而是被帶去了，也許司馬遷還不會發憤去編寫《史記》。漢武帝擁有雄才大略，加上他有漢朝開國以來積累下來的巨大財富，所以一次次到全國巡遊，包括完成了這次封禪大典。但是漢武帝之後沒有幾個皇帝做得到了，什麼原因？天下統一時，皇帝尚有可能從首都或者他統治的地方到達泰山。要是分裂了，比如南北朝的時候，南朝的皇帝本領再大，都不能到北方的泰山去，五代十國就更不可能了。另外，即使天下統一，但是如果經濟不發達、國庫裡錢不多，要做成這樣的事也不容易。在當時條件下，皇帝帶上朝廷的文武百官離開首都一段時間，進行大規模的巡遊，也一定要國泰民安的時候才能做得到。還有一個因素就是這皇帝身體要比較健康。當時沒有機械化的交通工具，要坐馬車、坐轎子長途跋涉，不是所有的皇帝都願意，也不是所有的皇帝都能忍受得了的。所以中國歷史上這麼多的皇帝，有的也不乏文治武功，但真正有機會封禪並且得到肯定的屈指可數。

有一位皇帝，他不僅封禪了並且搞得轟轟烈烈，可他實在談不上有什麼功績，而且這一場封禪運動居然是他親自發動和領導的，前後延續了十四年，這個皇帝就是宋真宗。因為史書上有詳細的記載，所以今天才跟大家來講一講，這場所謂的天書封禪真相究竟是什麼。

北宋景德五年正月初三，也就是西元一〇〇八年二月十日，宋真宗召集文武百官親自宣佈了一個特大喜訊：「去年冬天十一月二十七日，將近半夜的時候，我正準備睡覺，忽然間室內大放光彩，一位戴著星冠、穿著絳紫色衣服的神仙對我說，下個月在正殿做一個月的黃籙道場，就會降下天書，天書內容是《大中祥符》三篇。我肅然起敬，正想回答，神仙已經不見蹤影了。所以，從十二月初一開始，我下令在朝元殿齋戒，建道場，祈求神人保佑。今天皇城司來報告，發現左承天門南面的鴟尾上掛著一塊黃帛，我派太監去察看，太監說這個帛有二丈長，就像封好的書卷，用青絲繩纏著，隱隱約約看到裡面有字，這應該正是神仙跟我說過的天書。」

皇帝親自宣佈了這個消息後，從宰相王旦開始，群臣都向他祝賀。隨後，宋真宗親自到承天門抬頭瞻仰，果然看到有天書，他趕快跪下來致敬，然後兩個太監爬到上面把天書拿了下來，由宰相王旦敬呈給真宗。宋真宗親自放在轎子裡，到了殿上打開來看，只見那黃色的帛上寫著幾個字：「趙受命，興於宋，付於恆，居其器，守於正，世七百，九九定。」另外還有三幅黃色字條。這幾個字一看就明白：趙受命——姓趙的人受命於天，老天爺把天命賦予他；興於宋——在宋這個地方發達起來，所以叫宋朝；付於恆——現在把天下交給名字叫恆的人，宋真宗就叫趙恆；居其器、守於正——現在讓他在這個位子上很好地繼承帝業；世七百、九九定——傳世要七百年。這簡直胡說八道，宋朝根本沒有七百年。為什麼講七百年呢？大概是因為宋真宗看到漢朝、唐朝都沒有超過七百年。

宋真宗跪下來接受天命，然後讓人宣讀三幅字條，上面寫的內容有點像《尚書・洪範》和《道德經》，都是讚揚宋真宗能夠以至孝至道繼承帝業，希望他保持清淨簡儉，讓宋朝的國運昌盛綿長，這些都是天數。宋真宗隆重地把這個帛包起來放在金匱中。群臣一起祝賀，皇帝賜宴，又派特使祭天、祭地，向祖宗報告，之後大赦天下，把年號也改成「大中祥符」，並且特許京城的百姓大吃大喝五天。這實在是曠古少有的事，怎麼會有天書降下來呢？大臣們紛紛引經據典，闡述天書降臨的偉大深遠意義。消息傳出以後，舉國上下一片歡騰，隨後各種祥瑞、吉祥的標誌紛紛出現，並被報告上來。

為了表達全國臣民迫切的心情，由王旦率領朝廷文武百官、地方官員、少數民族的首領以及包括和尚道士、社會名流、各地耆老等，總共兩萬四千三百多人，連續五次上書請求皇帝舉行封禪大典。因為根據他們的論證，封禪的條件已經具備了，天書都下來了，各地又有這麼多的祥瑞。此時也有人擔心，舉行這麼大的典禮，國庫裡的錢夠不夠呢？於是主管部門馬上研究制定詳細的儀式流程，主管財政的丁謂就向皇帝報告稱財政方面很充足、沒有問題。為了證明這一點，丁謂特地把歷年來的收支資料記錄編輯成冊，命名為《景德會計錄》，跟封禪大典的經費預算一起上報，讓皇帝放心。

對天書降臨做過特殊貢獻的王欽若被任命為參知政事，相當於副宰相，由他擔任大典的常務總指揮。到了六月初六，王欽若又從山東泰安（當時叫乾封縣）報告說泰山上湧出了甘泉，蒼龍降臨在錫山。不久，有一個木匠董祚在醴泉亭以北的樹上見到掛著一塊黃帛，上面也有字。木匠不認識字，所以趕快來報告，官員到現場一看，帛上寫著宋真宗的名字趙恆。王欽若得知後趕快上報，並親自去接了這個帛書，讓太監即刻送到首都。宋真宗接到報告後馬上在崇政殿召集群臣，親自宣佈了這個特大喜訊，說：「五月十日半夜，我又夢見上次見過的那個神仙了，他對我說下月中旬他將在泰山賜予天書。所以我早就命令王欽若等人一旦發現有異常趕快報告，果然現在來報告了，而且內容跟我做的夢完全一樣。哎，上天這樣的關懷保佑，我實在是擔當不起啊。」王旦馬上率領群臣拜賀，把天書迎奉到含芳園的正殿。這次天書上寫得更明白了，大意就是說：「你對我如此孝順崇敬，養育百姓使他們幸福，所以要賜給你祥瑞。我告訴你的話，你要保密，對於我的意思要好好地理解。這樣的話國運一定能永遠昌盛，你也可以健康長壽。」

儘管群臣不曉得神仙對宋真宗具體說了什麼話，但是馬上理解了上天的意思，立即給真宗上了一個尊號（以前皇帝有的時候怕自己地位還不夠崇高，在活著的時候就上一個尊號）。什麼尊號呢？「崇文廣武儀天尊道寶應章感聖明仁孝皇帝」。之後，全國各地遍地開花，各種祥瑞都出來了。比如王欽若一個人就獻了八千株芝草也就是靈芝之草，另外有人又獻了紫芝八千七百餘株。因為天書是這項活動的根本保證，沒有天書就搞不定，所以宋真宗覺得天書一定要保護好，於是下令專門修一座玉清昭應宮。當時的主管部門和技術人員比較保守，說修這麼一個規模的宮殿大概要十五年的時間。丁謂打破常規，說怎麼可以這麼長時間呢？這麼重大的政治任務，雖然要堅持高標準，但是不能算經濟賬，十五年怎麼行，趕快修，並且還要照圖紙嚴格驗收，如果造得不好，馬上推倒重來。結果這座擁有二千六百多間房的宏偉建築七年之內就建成了，用時比預期縮短了一半以上。

九月二十八日，宋真宗親自在崇德殿演習封禪儀式。十月初四，在載著天書的豪華玉車引導下，宋真宗一行浩浩蕩蕩離開開封，十七天以後到達泰山。這個時候，王欽若獻的芝草已經不是幾千株了，而是達到了三萬八千多株，真不知道他如何在三個月裡面找到了那麼多。各地獻來的東西更多，多到什麼程度？僅亳州獻的芝草就達到九萬五千株。經過三天的齋戒，宋真宗登上泰山正式完成了祭天儀式，兩天以後又舉行了祭地的儀式。真宗接受群臣朝賀後，宣佈讓全國百姓大喝三天，接著又舉行盛大宴會招待當地的父老。十一月二十日，宋真宗回到開封，群臣又一次歌功頌德。十二月初五，宋真宗在朝元殿接受封號，封禪大典圓滿告終。照理事情到此應差不多告一段落了，可全國官民的積極性越來越高，認為這樣還不夠。

福建汀州有一個叫王捷的人來報告，說在南康遇見一位姓趙的道士，這個道士教他煉丹術，還給他一把小環神劍。那個人就是聖祖，即趙家的老祖宗。宋真宗聽了非常高興，馬上封王捷為左武衛將軍。到了大中祥符三年（西元一〇一〇年）六月，在山西永濟縣這一帶，當時叫河中府，有一位進士薛南和當地父老、和尚道士一千二百多人請求宋真宗到汾陰去祭祀后土。因為汾陰這個地方，在西元前一一六年漢武帝的時候，當地巫師在土堆裡發現了一隻特大的鼎，漢武帝派人把它迎到甘泉宮，運回的路上出現祥雲，同時又有一頭鹿經過，武帝把鹿射死用牠來祭鼎，所以這是一個寶鼎，可見汾陰這個地方是非常有歷史意義的，現在封禪已經封了，接下來就應該祭祀后土。宋真宗還真體察官民的心情，宣佈來年去封后土。還沒有到第二年，當年十二月的時候，今天河南三門峽這一帶報告說境內的黃河變清了。「黃河清，聖人出」，這是天下太平的徵兆，著名文學家晏殊馬上獻上一篇〈河清頌〉。到了來年正月二十八日，宋真宗一行浩浩蕩蕩從開封出發，出潼關，渡渭河，在二月十三日到達了汾陰。這時的汾陰已經不叫汾陰了，而是改名為寶鼎縣。四天以後，舉行了隆重的祭祀儀式。

至此，封禪也封了，天書也拿到了，后土也祭了，但宋真宗大概還覺得意猶未盡，這個運動還要搞下去，十月二十四日又跟大家宣佈了一個奇蹟。宋真宗說：「我夢見神人傳達玉皇的命令：『上次我命令你的祖先趙玄朗給你授了天書，現在讓他再來見見你。』第二天我又夢見了神人，傳達了老祖宗的話，說要把他的座位子朝西放，在旁邊斜著放六個座位。我當時趕快照辦了，五更天剛過，就聞到一股奇異的香味，不一會兒，黃光滿殿，老祖宗降臨了。我在殿下拜見他，旁邊又來了六個隨從，接著老祖宗說他是趙氏始祖，第二次降生下來是軒轅皇帝，後唐的時候又降生就傳下了我們趙家，到現在差不多一百年了，所以要我好好撫育蒼生，保持遠大的志向。說完老祖宗和隨從就騰雲駕霧走了。」

皇帝如此一說，於是大臣們又在王旦的帶領下恭賀了一番，又給他上了新的尊號，這個尊號就更長了，字越加越多，越來越重要。經過三次的謙讓，最後宋真宗才表示不得不接受。到了第二年元旦，司天監也就是國家天文臺又來報告，金、木、水、火、土五顆行星同時出現，而且顏色都差不多。據說只有在周武王伐紂、漢高祖進咸陽時才出現過這樣的天象，現在又出現了，當然是非常吉利的事情。

亳州的地方官帶了當地父老三千三百人組成代表團，到首都開封在宮外請願，請求皇帝一定要到亳州太清宮去祭祀老子。十天以後，朝廷給老子也上了尊號「太上老君混元上德皇帝」。到了第二年正月，宋真宗又浩浩蕩蕩在天書的引導下，離開開封到亳州去，歷時二十天。這時，原來的封禪現場總指揮丁謂獻的芝草已經達到九萬五千株。太史又報告天上出現了含譽星，這是大喜的徵兆，這麼一來亳州就被提高了級別，改成集慶軍，當地百姓的賦稅減免三成。這年，玉清昭應宮也在歷經七年之後建成了，又舉行了一系列的慶祝活動。這個運動時間越搞越長，花樣越搞越多。到了天禧二年（西元一〇一八年）夏天，宋真宗又接到報告，說士兵在保聖營的西南角發現了烏龜和蛇，就在那裡建了一個真武祠，之後這個祠的旁邊湧出一股清泉，不少病人喝了以後馬上病都好了，於是宋真宗下詔就地建祥源觀以紀念這件事。事情越鬧越大了。

之後巡檢朱能說又有天書降臨在乾祐山，其實這是朱能和太監周懷政相互勾結偽造的，大家都心知肚明，但宋真宗深信不疑，又下令將這個天書迎到宮中，但是這時天書已經不能再激起全國的狂熱了。等到宋真宗病死——他只活了五十五歲，這些天書就作為他的殉葬品一起送進了他的陵墓——永定陵，永遠在人間消失了。

這一類把戲在中國歷史上並不少見，但是像宋真宗這樣親自策畫、親自導演持續多年的天書封禪運動，可能是前無古人後無來者。平心而論，宋真宗算不上昏君暴君，在對抗遼軍入侵的時候，雖然沒有完全採納寇準等人的意見，但畢竟還是親自到了前線。而以後的宋徽宗看見金兵來了，還沒有進攻，自己就先逃掉了，宋欽宗也只是一味投降，宋真宗比他們強多了。

宋真宗雖然親自領導了這場運動，但還是離不開手下大臣的配合。要是沒有這些大臣的配合，這場運動未必能夠搞起來，也不可能持續那麼長的時間、擴展到那麼大的範圍。王旦和王欽若，還有一位在歷史上頗有名望、主張抗遼的寇準，他們在皇上這樣的荒唐主意面前，是怎麼表演的呢？

首先不得不提到王欽若。這場運動之前，遼國的軍隊入侵，寇準主張皇帝親自到前線去抵抗遼軍，但是王欽若主張趕快遷都到今天的南京。王欽若的主張不僅沒有被採納，而且還把他派到天雄軍（今河北大名）去駐防。這個地方離前線比較近，敵人進攻的時候，王欽若沒有其他辦法，只能關起城門，吃素唸經。王欽若對付敵人束手無策，但是侍奉皇帝打擊政敵卻遊刃有餘。宋真宗虛榮心很強，這就給了王欽若可趁之機。

宋遼之戰的結果是宋真宗與遼朝訂立了澶淵之盟，應該講對宋朝還算是一種勝利，這樣一來，當時主張御駕親征的宰相寇準就成了宋真宗心目中的功臣。而王欽若因為主張逃跑並且在整個過程中沒有一點功勞，地位自然下降了。但是王欽若利用宋真宗的虛榮心，開始說寇準的壞話。他說寇準其實是不應該讓皇帝到前線的，這是把皇帝當成了賭博的「孤注」，不顧皇帝的死活，是在為自己撈名利。這一招果然厲害，寇準聖寵日衰，不久就被降職到地方上做官去了。自從聽了王欽若這番話之後，宋真宗認為澶淵之盟是奇恥大辱，要想辦法挽回面子。可這個時候不打仗了，怎麼挽回面子呢？再說宋朝也不見得是遼朝的對手，能夠維持雙方和平已經很不錯了。王欽若就給宋真宗獻計，說現在只有舉行封禪大典才可以鎮服四海。要舉行封禪，一定要有祥瑞，要有天意。那天意怎麼辦呢？王欽若說這個沒有關係，通過人力是能夠取得的，只要深信不疑並且極力崇敬就可以辦到，而且明確宣告天下，這不就和天意沒有兩樣了嗎？他還進一步啟發宋真宗要「解放思想」。他說：「你以為古代那些《河圖》《洛書》難道都是真的嗎？無非是聖人利用這些玩意兒來宣傳他們的主張罷了。」宋真宗還是不大相信，所以專門去問了學士杜鎬。杜鎬也說，這都是聖人造出來的。這樣一來，宋真宗就放心了。

宋真宗還擔心宰相王旦會反對，王欽若就主動去做說服工作。王欽若預先摸透了王旦的底，他知道只要宋真宗親自出面，王旦肯定是會同意的。宋真宗把王旦召到宮裡來請他喝酒，宴席散的時候，特意賞賜給他一樽酒，說讓他拿回去跟妻兒一起分享。王旦拿到家裡一看，酒壺裡裝的全部是貴重的珍珠，他心裡明白了，但不敢不受。王欽若的奸計得逞了，在打擊寇準的同時又拉攏了王旦。等到宋真宗親自向全國撒下這個彌天大謊的時候，宋真宗就像染上毒癮一樣無法自拔，只能在王欽若的導演下不斷地表演下去。宋真宗不僅要欺騙他的臣民，也需要欺騙自己，作為皇帝，他不會有勇氣承認一開始就撒了謊。而王欽若就是要把這個陰謀繼續搞下去，在全國的狂熱中使宋真宗得到精神上的虛榮和滿足，這樣也可以保證自己得到皇帝的恩寵。

王欽若一個人的本領畢竟是有限的，一般大臣們都好辦，關鍵是宰相王旦的態度。為什麼王旦是一個關鍵人物？因為他的出身、經歷、能力、品行可以說是完美無缺。王旦出生在一個三代為官的家庭，父親王祐是宋朝初年的名臣，他自己二十三歲出任知縣，從基層幹部穩步提升，二十一年後擔任參知政事，也就是宰相了，並且連續當政十八年，他做事非常有原則。宋真宗親自到澶州去的時候，留守開封的雍王趙元份得了急病，王旦奉命趕回來代理留守。臨行前，王旦問宋真宗：「如果十天之內沒有得到前方的捷報，我應該怎麼辦？」宋真宗沉默了一會兒，說了一句話：「那你就立太子為帝吧。」王旦要求宋真宗授予他這樣的權力才願意回開封留守，這個問題敢提出來是很不容易的。如果皇帝生氣了，那他命都保不住了，但是從國家利益來講，他又必須得到這個授權。萬一宋真宗在前方失利或者遇到什麼意外，這樣就可以保證朝廷的穩定，所以他才要提出這樣的問題。這也可見他的無私和無畏。王旦回到首都以後直接進駐皇城並嚴密封鎖消息，連家人都不知道他回來了。一直等到歡迎宋真宗回京的時候，王旦的家人才突然發現，王旦是從城裡出來而不是跟著大軍回來的。

王旦知道寇準這個人一方面很忠直，但是另一方面也有很多缺點。所以，儘管寇準一直在宋真宗面前講王旦的壞話，但王旦總是千方百計讚揚寇準。連皇帝都不理解了，問他：「怎麼回事？寇準老是說你不好，你怎麼說他好呢？」王旦怎麼回答呢？他說：「我擔任宰相的時間已經很長了，工作上的缺點錯誤必定很多，寇準對陛下一點都不隱瞞，更說明他對陛下的忠誠，所以我應該更加器重他。」後來寇準被罷免宰相職務，他託人向王旦要求擔任使相的職務。王旦驚奇地說：「職位怎麼能夠自己要求呢？我從來不接受私人的請託。」寇準心裡對王旦很憤恨，但是不久任命下來了，正是任命他使相這個職務。寇準去向皇帝謝恩，宋真宗告訴他，這是王旦保薦的結果。原來王旦一方面拒絕寇準，不接受私人請託，實際上還是在皇上面前保薦他，所以寇準非常慚愧，說自己遠遠不如王旦。寇準到了任上後，過生日時大擺宴席，平時也是超標準享受，結果被人告發。宋真宗大怒：「寇準什麼事都學我，這還了得！」這個時候如果王旦稍微挑撥一下，或者添油加醋，那寇準肯定吃不了兜著走。但是王旦沒有那樣做，他不緊不慢地說：「寇準人是好的，可就是呆得沒有辦法。」宋真宗氣也就消了，這件事情就不了了之不再追究了。

王旦知道王欽若是一個奸臣，一直勸宋真宗不要讓他擔任宰相。結果拖到十年以後王旦死了，王欽若才當上宰相。但是，王旦也知道王欽若這個人很厲害，所以也是留有餘地的。當王欽若因為跟人在宋真宗面前爭吵引起宋真宗憤怒的時候，他沒有落井下石，而是勸真宗按照正常的途徑來處理。雖然王旦不得不帶領文武百官一次一次慶賀天書降臨，但是他對那些利用祥瑞找藉口鑽營的小人很是瞧不起。有一次陳彭年通過副相向敏中送來一篇文章，王旦看都不看就扔掉了。向敏中問：「你是不是先看一看？」王旦回答：「他不就是想通過一些文章往上爬嗎？」宋真宗有一個太監叫劉承珪，這個人一向很得寵，他臨死的時候，請求皇帝封他為節度使。皇帝對王旦說：「就封了他吧，要不他死不瞑目。」王旦不同意，還反問：「如果有人臨死要封樞密使怎麼辦呢？」樞密使相當於國防部長，宋真宗沒有辦法只得作罷。

王旦在一些大事上堅持原則，但是處理事情又非常靈活。王旦家裡經常賓客滿堂，但是他從來不接受私人請託。如果有認為值得推薦的人，他總是祕密地報告皇帝，意見被採納以後，他也不聲不響。一直到他死了，史官在編《真宗實錄》時才從檔案裡發現很多官員的任命原來都是王旦推薦的。相反，有一位新科狀元張師德，兩次上門拜見王旦，王旦都不見他，張師德以為是被人說了壞話，所以託向敏中去問王旦。結果，在皇帝討論要任命一個專門為皇帝起草詔令的官職時，王旦說：「可惜啊，這個位子原本是準備給張師德的。」原來，王旦一直在皇帝面前稱讚張師德，但因為他兩次上門，王旦認為中了狀元本來就前途無量，應該耐心等待。要是大家都靠走門路，那麼沒有門路的人怎麼辦呢？所以王旦不顧張師德的請求而暫緩提升，稍微給張師德一點教訓。

應該講，王旦的政治技巧達到了爐火純青的境界。比如有一次，王旦到山東兗州去執行公務，有一個太監周懷政跟他一起走，想找機會跟他見面，他每次跟這個太監見面都帶上全部隨員，穿上公服在辦公室裡坐好，談完公事就退場。後來周懷政因得罪皇帝被殺，大家都佩服王旦有遠見。還有一次發生了蝗災，有人撿了死蝗蟲來向皇帝報告。宋真宗看了就叫大臣帶了死蝗蟲來展覽，然後說這次蝗災已經結束了。王旦堅持不同意，他說：「怎麼能憑這個現在就舉行儀式宣佈蝗災已經結束呢？」果然，幾天後各地上報，仍然到處是蝗蟲。還有一次，一個算命先生因為議論皇帝宮內的事被殺了。宮內的事怎麼能夠隨便胡說呢？在抄家的時候，發現了大批官員跟這個算命先生來往的信件，這些官員都是找他算命詢問吉凶的。宋真宗大怒，讓御史立案追查。王旦怎麼說呢？他說：「這是人之常情，再說他們信上也沒有談公事，只不過是問問自己的命怎麼樣，算不上什麼犯罪。」宋真宗氣還不能消，那怎麼辦呢？王旦就說：「我年輕時候，因為自己地位微賤也算過命的，皇帝一定要處罰，就先把我送進監牢。」宋真宗礙著王旦的面子，就答應讓王旦來處理。王旦回到辦公的地方，立即把所有材料全部燒毀。剛剛燒毀，宋真宗又改變了主意，派人來取，可什麼都沒有拿到，一場災禍就這麼讓王旦化解了。

王旦在政治上相當成熟，而且顧全大局，他的私人生活也令人肅然起敬。他平時生活非常儉樸，穿的衣服、蓋的被子都是普通人用的東西。他也從來不買田、不買房，他認為子孫應該自立，有了田有了房反而會使他們因爭奪財產而出醜。宋真宗覺得王旦的住宅太破了，要替他裝修。他說：「這是我先人的故居，不能改變。」王旦對家人從來不發怒，吃飯不管乾淨不乾淨、合不合口味，只要做了就吃，從來不怪罪。有一次，家裡人故意試探他，在肉湯裡面放了一點墨，他見了就說：「今天就只吃飯吧，我也不想吃肉。」下一次又在飯裡面放了一點墨，他說：「今天我不想吃飯，給我做一些粥吧。」其實他心裡很明白，只是不會為了一點小事去怪罪家人。

所以，王旦這個人從各方面看都完全可以稱得上是歷史上不可多得的賢相，也不愧是一個道德的典範。王旦服從宋真宗是不是真的就是為了那一酒瓶的珠寶呢？其實不是，他只是沒有膽量對抗皇帝。他可以千方百計化解皇帝的怒氣保護寇準和其他官員，也可以巧妙地抵制太監非份的要求，拖延執行皇帝隨心所欲做出的決定，但是一旦意識到自己已經沒有辦法改變皇帝的決心時，他再也沒有勇氣表示不服從了。當然，站在後人的立場上，可以指責王旦的私心，但是要知道，在專制集權下，要求臣子來揭露皇帝製造的謊言實在是太難了，而且皇帝造出的謊是說自己得了天命，而在當時皇帝本來就應該有天命的。但是王旦也為自己的失足付出了沉重的代價，既然有了第一次，以後就不得不一次次帶頭歡呼奇蹟的出現，一次次帶著偽造的天書去主持各種大典。他自己的良心受到了強烈譴責，所以經常悶悶不樂。臨終時他給兒子留下遺囑說：「我沒有其他過錯，但是在沒有勸阻天書這件事上，我有恕不了的罪。我死了以後，你們要剃掉我的頭髮，讓我穿上黑色的衣服下葬。」他是有自知之明的，知道逃脫不了歷史的評價。但是宋朝整個社會付出的代價更加沉重，這樣大規模的巡遊、慶祝、祭祀和修建工程，耗費了多少百姓的血汗和生命？狂熱的運動又給這個社會留下了多少創傷？從這一點上講，我們也沒有辦法為王旦開脫。

我們學歷史，往往只知道寇準堅持抗敵，並且鼓勵宋真宗到前線，最後使宋朝取得了局部的勝利，抵制了遼國的入侵，但是在天書封禪這件事上，他的角色並不光彩。寇準受到王欽若排擠以後，當了十三年的地方官就再也耐不住寂寞了，所以到了天禧三年也就是西元一〇一九年，他跟巡檢朱能還有太監周懷政勾結，撒下了彌天大謊，說在乾祐山又發現了天書，這個乾祐山就在寇準管轄的地方。因為寇準的女婿王曙和太監周懷政關係密切，他就利用這個關係把天書降臨的喜訊上報朝廷，因而得到了宋真宗的好感，在王欽若被罷相以後，寇準因此獲得了代理宰相的職位。當時有人勸寇準，上策是現在先到首都附近，然後稱病，要求改任地方官，不要到朝廷去，不要擔任代理宰相；中策是到了朝廷以後，馬上揭發乾祐山的天書是騙局，因為畢竟他自己沒有直接參與；下策就是當宰相，但這樣會毀掉一生的聲望。寇準擋不住重新當宰相的誘惑，他把寶都押在朱能和周懷政身上，認為他們不會揭露真相。一年以後，寇準受丁謂陷害，被罷相。又過了一個月，周懷政在權力鬥爭中被殺，丁謂與皇后一起揭發了朱能偽造天書事件，寇準也因此被貶到相州（今河南安陽）。可是事情還沒有了結，朱能因為拒捕而自殺，寇準罪責就更大了，被貶到了今天湖南的道縣。宋真宗死後，朝廷進一步追查寇準的責任，他被貶到今天的廣東海康，一年多以後死在了那裡。本來受到奸臣的排擠會得到輿論的同情，但是寇準跟朱能一起偽造天書，那就成了洗不清的污點。這樣一位曾經很正直、堅持抗敵的忠臣，經不起權力和地位的誘惑，幹出這樣的荒唐事。所以，王欽若這樣的奸臣導演製造的這場鬧劇，連王旦這樣的人都不得不隨大流，而寇準這樣的人雖然起不了像王旦那樣大的作用，但也千方百計地迎合。

有沒有人能夠堅持呢？也有的。在這樣喪心病狂的時候，讀書人的良心並沒有完全泯滅，依然有人公開批評宋真宗的行為。就在天書降臨、大家爭著報告各地出現祥瑞喜訊的時候，有一位龍圖閣待制孫奭對宋真宗說：「我聽到過一句話，天怎麼會說話呢？老天爺連話都沒有，怎麼會有寫下的字？」宋真宗決定到汾陰去祭祀的時候，孫奭又上書從八個方面提出了反對理由，他一針見血地揭露群臣的醜態：「現在見到一隻野雕、一隻山鹿都當做祥瑞來報告，秋天發生旱災、冬天打雷也作為吉兆來慶賀，背地裡笑話的有得是。」他甚至把宋真宗跟同樣去封禪泰山、祭老子的唐玄宗相比，勸宋真宗吸取唐玄宗的教訓、早一點悔悟，不要像唐玄宗那樣弄到最後悔之莫及。此外，還有一批人也提出了反對意見。有一位大臣叫王曾，拒絕接受「會靈觀使」也就是到道觀裡主持祭祀的任命。宋真宗就責問他：「大臣應該為國家出力，你為什麼不這麼做？」王曾說：「皇帝聽取意見叫做明，大臣盡忠心叫做義，我只懂得義，不知道合作不合作。」為此，他寧可不當副宰相，也不變初衷。宋朝對大臣是禮遇的，所以儘管孫奭、王曾這些人批評皇帝、進行抵制，但還是保全了性命。要是在其他朝代，這些人可能就會有殺身之禍，可能就會成為一個大案的主犯。但是不管怎麼樣，在讀書人中總還是有一些人堅持了自己的信念。

這一場天書封禪運動，儘管有這麼多人參與，有人導演，皇帝也親自出馬，但在轟轟烈烈以後，也就煙消雲散了。以後再沒有人把這個當做宋朝歷史上一件什麼了不得的大事。儘管宋真宗的後人宋徽宗又重新對天書封禪這類把戲產生了興趣，但是宋徽宗的下場更慘，最終導致了北宋的覆滅，他本人也成了俘虜，客死異鄉。

道君末日

冬十月乙丑，閱新樂器於崇政殿，出古器以示百官。戊辰，詔冬祀大禮及朝景靈宮，並以道士百人執威儀前導。冬十一月辛巳，朝獻景靈宮。壬午，饗太廟，加上神宗諡曰體元顯道法古立憲帝德王功英文烈武欽仁聖孝皇帝，改上哲宗諡曰憲元繼道世德揚功欽文睿武齊聖昭孝皇帝。癸未，祀昊天上帝於圜丘，大赦天下。升端州為興慶府。乙酉，以天神降，詔告在位，作〈天真降臨示現記〉。——《宋史》

道君末日

西元一一一四年，女真首領完顏阿骨打率領兩千五百名士兵反抗遼朝，不到幾年就把遼滅了，又在不到十三年的時間內把北宋也滅了。為什麼北宋滅亡得那麼快呢？大家往往想到的是，北宋皇帝宋徽宗趙佶是一個昏君，雖然這個人是傑出的藝術家，其書畫達到極高的水準，但是治理國家完全是昏聵無能。但具體的原因到底還有什麼呢？

就在完顏阿骨打起兵後不久，也就是北宋重和元年（西元一一一八年）的時候，宋朝派出特使，從海道經過朝鮮半島到東北和女真人祕密結盟。他們談判的內容是雙方準備兩路夾擊，滅掉遼國。兩年以後，宋朝又派出特使趙良嗣到金國，再次商量進攻遼國。宋朝跟金國協議商定，一起出兵滅了遼國以後，宋朝要收回燕京就是今天北京這一帶，同時也答應給金人好處，就是將宋朝原來每年給遼國的金銀財寶（稱為「歲幣」）統統轉交給金國。阿骨打口頭上答應，但是他在給宋朝皇帝的親筆信中又提了另一個條件，那就是金國從古北口緊逼，宋朝則要渡過白溝去夾攻，如果能做到這一點的話，這些地方都可以還給宋朝，如果做不到，那就另當別論了。宋朝於是又派人出使金國，在帶去的國書中寫明，所有這些地方以及當地的居民，包括今天的居庸關、古北口、松亭、榆關一帶，要統統歸還給宋朝。金朝回覆的公文則表示，只同意歸還燕京和燕京以東的地方，如果宋朝要取得燕雲十六州的西面地方，也就是大同一帶，則要另外商議。也就是說，宋朝付出的代價是，不僅原來交給遼國的錢還要照樣給金國，並且自己還得出兵，結果卻只能收回燕京及其東部，要收回西部地區的話還要靠自己另外出兵去攻打。這就是歷史上有名的「海上之盟」。

對於「海上之盟」，宋朝有些大臣是反對的。因為西元一〇〇五年宋朝跟遼國締結「澶淵之盟」以後，宋遼之間的關係已經緩和、穩定了。完顏阿骨打起兵以後，遼國對女真人已經應付不暇，國力大衰，根本沒有能力再對宋朝構成威脅。在這種情況下，宋朝主動去幫助剛剛興起的女真人，結局會怎麼樣？很可能是凶多吉少。最好的辦法是讓遼國和女真人互相攻擊，無論是遼國受損失，還是女真人受損失，對宋朝都沒有壞處而只有好處。但是宋朝急於介入，最後落得個迅速覆滅的下場，宋徽宗也跟兒子一起當了俘虜。

當然，宋徽宗也不是完全憑空想出了這個跟女真人結盟的計畫，他完全誤判了當時的形勢，在兩個方面犯了致命的錯誤。首先，他錯誤地估計了燕雲十六州這些地方的民意。在五代時候，石敬瑭為了取得契丹人的支持，割讓了燕雲十六州這一大片地區。割讓以後，這裡的民眾也都歸了遼朝統治。另外，由於五代期間的戰亂，有一部分中原的百姓也跑到了那裡，再加上契丹人在攻入內地的時候又擄掠了不少中原的人口，所以這樣一片從秦漢以來長期歸中原王朝統治、以漢族為主聚集的地方就成了契丹的領土。宋朝的統治者錯誤地認為，由於那裡都是漢族人，他們必然會支持宋朝重新統一。此外，邊境的官員沒有什麼能耐，誤信了一些特工人員蒐集回來的情報，甚至為了討好上司而編了不少漢人怎麼嚮往宋朝重新統一、盼望宋朝大軍過去的謊話。

實際情況怎麼樣呢？從唐朝後期開始，就有漢人為了躲避中原的戰亂遷到那裡，還有一部分漢人的確是被契丹的軍隊擄掠或者受到政治脅迫而遷過去的，但不管怎麼樣，他們以及他們的後代在契丹人的統治下已經生活了一百多年將近兩百年了。契丹人為了能夠長治久安，也採取了不少有利於民眾生存的措施。比如，在與契丹人長期的生活中，有一部分漢人已經跟契丹人通婚了。漢人中一些上層人物已經成為遼朝的官員或地方士紳。所以，實際的情況正像當時真定府的安撫使洪中孚所報告的那樣，契丹現在從中央到地方的很多官員都已經是漢人了，讀書人也能夠通過科舉取得功名，他們不一定就願意到南方來，或者不一定希望宋朝統一。曾經有一位漢族的大臣劉六符在臨終時跟契丹的皇帝耶律洪基說，大遼現在的根本地方是燕雲十六州，一定要深結民心，不要使他們產生跟南方統一的想法。契丹人採用了他的策略，「輕徭役，薄賦斂」，減輕百姓的負擔，賦稅減少了三分之一，所以實際上契丹農民的負擔比宋朝統治地區的農民還要輕。這樣一種情況下，那裡的百姓怎麼可能還迫切盼望南方的政權趕快過去統一呢？這基本上是不可能的事。還有一個叫王介儒的人，說得更加明白。他說，南方人以為北方的漢人一定想念宋朝，但大家不想想看，燕雲十六州歸了契丹人已經差不多兩百年了，這兩百年下來，難道他們跟契丹人就沒有君臣父子的感情嗎？要說產生感情，那是他們之間的感情，怎麼還可能保留以前的感情？另外還有一個因素，那就是因為當時雙方對峙，契丹和宋朝統治者都是禁止雙方來往的。長期不來往，這些人不可能瞭解宋朝的實際情況，也不太會產生相互之間的感情。

但是那些想趁機邀功請賞的人報告的情況是完全不同的。有的編造說現在

宋徽宗趙佶在政治上昏庸無能，但在書畫藝術方面卻有精深造詣。幼年即對詩詞、書法、繪畫、音樂、戲曲等藝術有廣泛的愛好，在書法上也有較高的造詣，創造出獨樹一幟的﹁瘦金體﹂，瘦挺爽利，與所繪的工筆重彩相映成趣，為後人競相仿效。

是人心所向，宋朝收復北方是大勢所趨。還有的編造說，北方的老百姓都說自己是漢人，宋朝如果不來拯救他們，他們還有什麼路走呢？北方那些漢族人就像大旱天盼望下雨一樣盼望大軍北上，只要派軍隊過來，老百姓不僅會拿著糧食美酒歡迎，還會把鮮花紮上牌樓，在邊界上迎接。這樣的假情報讓統治者以為只要出兵就能馬到成功，這是第一個誤判。

第二個誤判是宋徽宗誤信了一批想趁這種大局變動博取榮華富貴的人，比如首先投奔宋朝的馬植。馬植原來是遼朝的光祿卿，已經做到不小的官了，但為人卑劣，被人瞧不起。他趁宋朝的權臣童貫到燕京出使的機會獻計滅遼，並且隨同童貫投奔宋朝。宋徽宗召見他的時候，他說：「陛下，老百姓在那裡受苦受難啊，您要恢復原有的疆域，這是千載難逢的機會。您的軍隊一出動，必然受到北方老百姓熱烈歡迎。」宋徽宗聽後非常高興，馬上賜他姓趙，並且封他為祕書丞。這個人之後就改名為趙良嗣，後來宋朝和金國談判的時候，他就是宋朝派出的特使，他在談判的過程中一心要達成協議，而不顧實際後果怎麼樣，從中做了不少手腳。第二個人叫郭藥師。他原來是遼國常勝軍的將軍，在宋朝的軍隊還沒有出動的時候，他就以涿州留守的身份率領八千部眾投降了。他為什麼要投降呢？因為他認為這是「男兒取金印」的時候，也就是升官的機會來了，他想以收回燕京的功勞來獲得功名。果然，他如願以償，宋朝一路加封他直到太尉，也就是武官裡的最高級別了，讓他擁兵三十萬駐守在燕京。既然這個人的目的就是博取功名，所以等到金兵南下、兵臨燕京的時候，他又趕快帶了燕山所屬的州縣投降，並且為金兵當嚮導進攻宋朝。

正因為宋徽宗在以上兩個大的問題上都誤判了形勢，所以宋朝軍隊到達北方的時候，根本沒有什麼當地老百姓簞食壺漿來迎接，也見不到香花搭起來的彩棚。相反，當地老百姓觀望猜疑，甚至公然反抗。那批被宋朝收編的北方漢人也與南方人格格不入、摩擦不斷。北方漢人雖歸順了宋朝，但認為自己受到了歧視。他們被契丹人稱為「漢兒」，但是南方人來了以後，宋朝軍隊官員又罵他們是「番人」，這些人夾在中間，兩邊不是人。宋朝軍隊還抱怨朝廷對投降的士兵太優待了，所以宋朝的文武官員都以救星自居，有意無意把他們當做異己。金國在撤退的時候，把這個城裡擄掠一空，把裡面的老百姓都趕走了，給宋朝留下一座空城。那些被趕走的老百姓，一方面怨恨女真人，但另一方面，更加仇視和女真人結盟的宋朝。因為最終占領他們生活的地方，造成他們背井離鄉這樣一個結果的是宋朝人。所以，金國南侵的時候就對這批北方漢人說，跟著我們的軍隊可以重返家園，於是這些人在金兵南下的時候起了很大作用。例如宋朝已經收編的北方漢人為主的軍隊中有一支叫「義勝軍」，這支軍隊駐紮在山西，等到金國人一來，他們馬上陣前倒戈，這使宋朝的邊境不堪一擊。可見，如果當時宋朝能夠採取觀望的態度，第一，女真人要滅遼就不會那麼順利；第二，女真人滅遼以後，儘管也可能繼續入侵北宋，但也不會在短短的時間裡使宋朝處於完全被動的地位。所以，當時就有人評論，宋朝採取的策略不僅是下策，而且連下策都沒有用好。

等到金兵勢如破竹、包圍開封的時候，又出現了一件怪事。那時，宋徽宗已經把皇位傳給了他的兒子，也就是宋欽宗。靖康元年十一月二十五日，也就是西元一一二七年一月五日，在金兵的重重包圍下，宋朝軍隊突然之間全部撤退，宣化門大開，一支叫做六甲神軍的軍隊穿著奇奇怪怪的衣服衝了出來。金兵把這支烏合之眾擊退以後，到城上一看，發現整個城都已經空了，而這支六甲神兵的總指揮郭京也早就逃走了。當時連金兵都奇怪，怎麼會出現這樣的情況呢？

這裡就要提到曾經講過的一件事，那就是宋真宗曾搞的天書封禪。宋真宗死了以後，這個事情本應該銷聲匿跡了。但是宋真宗並沒有受到任何批判，所以對宋真宗的繼承者來講，天書封禪是祖上所肯定的事件，這就為一批人利用道教重新活動埋下了伏筆。果然，宋徽宗繼位以後就把道教一步一步抬到了很高的地位，一度使天書封禪的情況又重新出現了。當時山東濮州有一個叫王老志的人，他是一個小官吏，突然說見到了異人，異人還給了他丹藥。王老志能算命，據說很靈驗，有人就把他推薦給了宋徽宗，宋徽宗就把他召到開封。王老志為了得到徽宗的信任，派人送了一封密封的信給徽宗。宋徽宗打開來一看，原來是去年自己跟兩個寵愛的妃子喬妃和劉妃講的悄悄話，他大吃一驚，認為王老志果真是一個仙人啊，連自己和兩個寵妃的悄悄話都能知道，並寫下來在一年以後上報，於是馬上封王老志為洞微先生。還有一個名為王仔昔，是今天江西南昌人，他說在河南嵩山遇到了一個仙人，這個仙人還傳給了他天書和一些仙法，可以知道未來，蔡京就把他推薦給了宋徽宗。宋徽宗認為王仔昔編的那些話都很靈驗，就封他為通妙先生。這兩個道士大受恩寵，百官爭相奉承，門庭若市。

政和三年（西元一一一三年）十一月，宋徽宗在一百名道士和儀仗隊的擁簇下，到圜丘去祭天。走出南薰門以後，宋徽宗突然問蔡京的兒子也就是負責這一天典禮的官員蔡攸，說玉津園的東面好像有一片樓臺，那是什麼地方？實際上什麼都沒有，但是蔡攸馬上回答：「我也看見了，雲裡面好像有不少樓臺亭閣，離開地面至少有幾十丈。」宋徽宗又問：「看到有人了嗎？」蔡攸說：「看到了啊，好像有道家的童子舉著旗子，他們都在雲裡面，連眉毛都看清楚了。」他們兩人這麼一說，誰還敢說沒看見。宋徽宗馬上就宣佈天神降臨了，並親自寫了一篇文章把它記下來。這麼一來，道教大行其道。到了這一年的十二月，宋徽宗就下詔在全國徵集道教的仙經，而且他接著在第二年就為道士確定了二十六個級別，最高級別的道士可以享受四品官員的待遇，最低的也可以享受九品的待遇。王老志這些人玩著玩著就沒有什麼新花樣了，宋徽宗也慢慢地不再相信他們，於是下令尋訪更有本領的道士。

到了政和六年（西元一一一六年），宋徽宗的手下尋訪到一個叫林靈素的道士。林靈素是溫州人，小時候當過和尚，因為受不了師傅打罵，所以改當了道士。他會變一些魔術，在南方小有名氣。林靈素見到宋徽宗後膽大胡吹，說：「天上有九霄，即九重天，最高的一層叫做神霄，上帝的大兒子就是神霄玉清王，統治南方，號稱長生大帝君，就是陛下您。您就是天上下來的，另外的仙官有八百個，您手下蔡京、童貫這些人，統統都是仙官。我在天上的名字叫褚慧，現在下凡來輔助您這個帝君。」他知道宋徽宗最寵愛劉貴妃，就說劉貴妃是天上的九華玉真安妃，也是仙女下凡。宋徽宗一聽高興得不得了，馬上封他為通真達靈先生，又聽從他的建議建立道學，跟儒學一樣實行科舉考試。之前只是給道士封官，現在居然還讓道士像讀書人一樣可以根據考試成績提升地位。其實林靈素沒有什麼本事，但他稍微懂一點天氣預報，所以有的時候就裝神弄鬼求雨，誰知道運氣不錯，竟讓他蒙準了一兩次，宋徽宗也就更加信任他，還根據他的建議大修道觀，在京城的西北角建了非常豪華的上清寶籙宮。另外，為了方便他到那去做法事，還專門建了一條高架道路通過去。宋徽宗還下令在全國普遍建立道觀，由公家撥給土地，土地的收入則補貼道觀。道觀經常舉行道會，因為舉行道會的時候有飯吃，還有出場費，所以有的窮人就買來道士的青布頭巾戴上冒充道士，每天不僅可以飽餐一頓，還可以領到三百錢的佈施。最隆重的一次道會在上清寶籙宮裡舉行，聚集了兩千多名道士，宋徽宗親自帶領文武百官聽林靈素講經，可是林靈素實在講不出什麼高論來，只能講一些無聊的笑話，引得哄堂大笑，但是宋徽宗對他的話深信不疑。根據林靈素的說法，宋徽宗是神霄帝君下凡，所以宋徽宗就讓道籙院冊封自己為教主道君皇帝。有些書裡稱宋徽宗為道君皇帝，其實就是他自己弄出來的。當然教主道君皇帝一封，林靈素也就又被加封。這些道士能夠隨便出入宮門，他們甚至可以跟宋朝的親王搶道。京城裡把林靈素和另外一位道士並稱為道家二府，門徒有兩萬多人，都是靠公費過著錦衣玉食的生活。林靈素為了出當年做和尚時受的氣，請宋徽宗把佛教廢掉，讓佛教徒統統改稱德士，改入道教，尼姑則改稱女德，也讓她們學道。

但是，這些騙局總有被拆穿的時候。京城鬧大水的時候，林靈素去作法，結果憤怒的士兵拿著棍棒要打他，嚇得他狼狽逃竄，一點法術都沒有了。一次在路上遇到太子，林靈素不避讓，引起太子的不滿，到宋徽宗那告了一狀。宋徽宗終於在宣和二年（西元一一二〇年）把林靈素送回老家，並且下詔罷道學，把道學考試也取消了。但是宋徽宗對道教還是戀戀不捨，一直到金兵兵臨城下的時候依然如此，雖然他不得不把皇位傳給太子，但還是意圖做所謂的教主道君太上皇帝。更加要命的是，林靈素儘管被驅逐了，但是從上到下文武百官裡還有一大批人在國家生死存亡的關頭把希望寄託在道士身上。

開封被圍以後，負責城防的孫傅不是從軍事上採取措施，而是相信道士的話，說一個叫郭京的人可以守城，能施六甲法，用七千七百七十七人就能將金兵打退。孫傅對此深信不疑，馬上封郭京為城中郎，給他大批金帛，讓他招募士兵。郭京招募士兵的時候，根本不看武藝，而是看一下生辰八字，符合所謂六甲就收下來，結果把一大批市井無賴或者根本手無縛雞之力的人都招進來了。當時有一位武將本領高強，但郭京就是不收，說：「雖然你本領高強，但命裡註定明年正月要死，我把你招進來會連累我。」當金軍加緊合圍、形勢危急的時候，郭京依然談笑自如，說：「我選一個黃道吉日出兵三百，就可以使天下太平，而且一直可以打到陰山。」當時有人勸孫傅不要那麼信任郭京，說：「自古以來從沒有聽說過這樣的事，你真要聽他的不妨先給他一些軍隊，讓他試試看，立了功以後再給他更大的權，否則將來會影響到國家的體面。」但是郭京辯解說：「我不到關鍵時候是不會出兵的。」孫傅對郭京深信不疑，反而對勸他的人勃然大怒，說：「郭京是老天爺送來的救星，對敵軍情況一清二楚，那些話就不用講了，否則我就得治你動搖軍心的罪。」

到了靖康元年的十一月二十二日，也就是西元一一二七年一月二日，金軍攻打宣化門，宋朝的軍隊出去抵抗，被金軍打敗退回城內。郭京下令在二十五日出兵，他讓所有的守軍全部下城，不許偷看戰況，然後打開宣化門出戰，他自己和另一位將軍張叔夜坐在城樓上觀戰。那些烏合之眾一出城就被金兵四面夾擊，死了一大半，其他人逃回來關了城門。這個時候郭京對張叔夜說：「我得自己去作法了。」他哪裡是去作什麼法，他所謂的法就是趕快逃命。金兵進城後以為城上會有什麼抵抗，結果城上已經空無一人。儘管張叔夜組織殘兵抗敵，但已無用，開封當天就被攻陷了。

金兵攻陷開封以後，勒令宋徽宗和宋欽宗投降，同時大肆搜刮城內的金銀財寶，並匆匆在靖康二年（西元一一二七年）的四月初一押送宋徽宗和宋欽宗回金國。不知道宋徽宗在做了俘虜被押送到北方去的時候，是否還相信那些道士。這個時候距離宋真宗宣佈天書降臨不過一百一十九年，距離宋真宗將天書帶進墳墓也不過一百零五年。天書上曾說宋朝統治是七百年，還差得非常遠。回顧這一段歷史可以看到，宋徽宗是在錯誤的時機做出了錯誤的決定，但是加速宋朝滅亡的恰恰是他最深信不疑的那些道士。這也給那些當初製造天書以及認為相信了天書就能使宋朝長遠安寧的人一個很深刻的教訓，儘管他們早已離開了人世。

悲劇海瑞

陛下誠知齋醮無益，一旦翻然悔悟，日御正朝，與宰相、侍從、言官講求天下利害，洗數十年之積誤，置身於堯、舜、禹、湯、文、武之間，使諸臣亦得自洗數十年阿君之恥，置其身於皋、夔、伊、傅之列，天下何憂不治，萬事何憂不理。此在陛下一振作間而已。釋此不為，而切切於輕舉度世，敝精勞神，以求之於繫風捕影、茫然不可知之域，臣見勞苦終身，而終於無所成也。今大臣持祿而好諛，小臣畏罪而結舌，臣不勝憤恨。是以冒死，願盡區區，惟陛下垂聽焉。——《明史》

悲劇海瑞

大家大概都知道海瑞，為什麼說海瑞悲劇？這還得從海瑞這個人本身、他的所作所為和他在當時的影響說起。海瑞是一個清官，儘管我們對什麼是清官沒有明確的標準，但是個人生活清廉簡樸、為官清正廉明、不貪污不受賄、不徇私枉法、潔身自好，這些基本標準海瑞可以說完全符合。如果再加一點高的要求，比如剛正不阿、疾惡如仇、不畏強暴、打擊貪官污吏、為老百姓伸冤做主，海瑞也都當之無愧。

海瑞在浙江淳安當知縣的時候，穿的是布袍，吃的是粗米飯，家裡老僕人種菜，自給自足。有一次，胡宗憲聽說海瑞家裡買了兩斤肉，打聽後才知原來是給海瑞母親做壽的。知縣的老太太做壽才買兩斤肉，可見其簡樸程度。萬曆初年，權傾朝野的首輔張居正派御史去看海瑞，但海瑞只殺了一隻雞，用粗米飯招待。海瑞曾經有一個女兒，五歲的時候，吃了男傭人遞給她的餅，海瑞認為女兒犯了男女授受不親的大忌，於是就逼這個女兒餓死了，所以海瑞沒有子女。海瑞死的時候，人們發現他比窮書生還不如。雖然他是朝廷二品大員、位高權重，但由於留下的錢實在太少，所以辦喪事還是靠大家集資的。

海瑞以右僉都御史巡撫應天十府的時候，曾經疏浚了吳淞江和白河，也就是今天蘇州河及其上游，那個時候蘇州河與海連通，疏浚了以後使當地免除水災，得到百姓的讚揚。他在打擊地主豪強、救撫貧民方面也不遺餘力。只要發現富家占了貧民的土地，就把它奪回來，發還貧民，所以海瑞深得民心。其實他任巡撫時間很短，只有半年，但是百姓聽說他要調離，都痛哭流涕，並在家裡供上他的畫像。他去世以後，靈柩放在船上從江上駛過，兩岸全是穿著喪服給他送喪的人，一路延續到百里之外。

也有的人說，海瑞是跟皇帝過不去，所以曾經有人編了一個戲叫「海瑞罵皇帝」，其實，海瑞對皇帝忠心耿耿。所謂罵皇帝，其實是跟嘉靖皇帝提意見，完全出於忠心。當然，他的意見很激烈，所以嘉靖拿到他的奏章一看，認為這個人怎麼如此無禮，於是下令趕快把他抓住。皇帝手下的人說：「皇上您放心，他不會跑，他已經為自己做了一口棺材，就是準備死的。」後來海瑞被關在監牢裡，聽說嘉靖皇帝死了，看守的人以為這對他來說是好消息，結果他痛哭流涕、號啕大哭，把吃的東西都吐出來了，可見他是真的悲傷。

老百姓說他好，他對皇帝也非常忠誠。這樣一個人應該得到同僚或者大多數官員的擁護了吧？不見得，海瑞非常不得「官心」。舉一個例子，明朝的官員按慣例可以追封自己的父母，一般只有犯過罪或者受過處分的人才得不到批准。海瑞官居正二品，他請求追封他母親的時候，居然沒有得到批准，可見他的同僚對他意見還是很大的，所以連這麼一項例行的公事他都辦不成。海瑞一生中也提出過不少治國施政的意見和方案，但幾乎沒有被採納過。他在巡撫應天十府的任期只有短短的半年，等他一離任，除了疏浚江河留下了具體成果以外，所採取的其他措施統統被後繼者改變。為什麼他這麼不得「官心」呢？

海瑞在當知縣的時候，胡宗憲是他的上司。有一次，胡宗憲的兒子路過淳安，作威作福，海瑞就把他扣押，並把他隨身帶的幾箱銀子統統沒收。海瑞說：「以前胡總督來巡視的時候，曾經發過公文，命令沿途不許鋪張、不許隆重接待，現在這個年輕人那麼奢華、作威作福，肯定不是胡宗憲的兒子，肯定是冒充的。」海瑞還派人報告了胡宗憲，胡宗憲哭笑不得，又不能說是，又不能說不是，當然也沒有辦法治海瑞的罪，但心裡肯定是痛恨海瑞的。還有一次，都御史鄢懋卿視察時路過此縣，海瑞居然說，本縣太小，容不得這樣的大人物，之後的招待當然也就很差了。鄢懋卿當時就很不痛快，雖然不便發作，但回去以後，還是授意他的下屬誣陷海瑞使他降了職。海瑞任應天巡撫的時候，官員們都很緊張，稍微有一點貪贓枉法行為的官員都趕快自己先辭職，免得被他處理，有些地主豪強甚至聞風逃往他鄉躲避。還有的豪強原來家裡的門都是大紅的，以顯示自己的權勢，這個時候怕了，把門都漆成黑顏色，免得招搖。連在南京負責監督織造的太監也減少了自己的排場和隨行人員，怕引起海瑞的注意。海瑞跟皇帝提的那些建議，一般人也是接受不了的。他要求皇帝恢復明朝初年打擊貪官污吏的法律，比如說貪贓枉法滿八十貫就可以處絞刑，更嚴重的則要實行明初的酷刑，比如說剝皮。如此大小官員當然對他又害怕又憤怒。

如果說只是一些貪官恨海瑞，總還會有清官或者一般的官員擁護他，但是也不見得，什麼道理？因為他總是認為，老百姓告狀都是對的，在打擊豪強的同時，他也誤信了一些誣告的人，所以他到哪裡都在不停地審判、不停地用刑，而且動不動就用嚴刑。這樣肯定也就誤傷了一些人，當然也引起大家的恐慌。又比如說，當時各地設有驛站，官員出差路過可以根據不同的標準在那裡享受食宿招待。到了明朝中期以後，很多官員利用權勢享受高標準、超標準的招待，而公家給的錢就那麼一點，於是就只能增加對百姓的搜刮。海瑞瞭解這個情況後，撤了不少驛站，甚至規定官員來往不許招待。這樣一來，貪官雖然受到了打擊，超標準是沒有了，但正常出差的官員也受了連累，本來沿途有公家的驛站可以住宿，現在沒有了，那不是增加這些官員的負擔嗎？所以這也引起了一些官員的不滿。

海瑞是在南京做官，明朝的時候南京從理論上講也是首都，所以凡是北京（京師）有的機構，當時的南京全有。不過這些機構都是有責無權甚至無責無事的，這樣的閒差都是安置一些老人或者是將要退休的和在朝廷不受重用的人。那些官員們平時沒有事情做，懶懶散散慣了。海瑞卻一定要改變這個狀況。有一次，他聽說有一位御史招來藝人演了一場戲，就說要執行明太祖定下的規矩。明太祖定下什麼規矩呢？說官員看戲又招人演戲的，就要打屁股。這樣一來，官員們都嚇得不得了。儘管海瑞沒有打成，但是已經讓那些官員又恨又怕，都巴不得海瑞早點下臺，所以海瑞不得「官心」。而海瑞不得「官心」是不是完全因為他堅持了道德觀念、採取了完全正確的措施，而其他所有官員都貪贓枉法或者不願意做清官呢？也不盡然。我們先來看一看，明朝為什麼會形成這樣一個局面。

明太祖朱元璋出身貧民，所以非常痛恨貪官污吏。他當皇帝以後，在明朝初年就制定了非常嚴苛的法律。這些法律不僅在今天聳人聽聞，而且古往今來也都是少有的。比如說，他規定對貪官可以根據不同的罪名判刑，剝皮、砍首、斷腳、剁手指，什麼都有。最嚴厲的一項就是把貪官剝皮，剝了皮以後，在皮裡面裝上草，做成人形，掛在公堂兩邊，一邊掛上一個。朱元璋把各州縣的土地廟專門改成剝人皮的場所，叫皮場廟。另外，朱元璋還要留一些活的典型，比如有個官員是看倉庫的，發現他貪污之後，朱元璋也不殺他，而是把他的腳筋割斷，然後讓他趴在地上繼續看倉庫，以此作為反面教材，讓大家知道貪官是這麼一個下場。有的時候，朱元璋為了查大案，不惜殺掉大批的官員，例如洪武十八年（西元一三八五年）戶部侍郎郭恆貪污案中前後受到牽連被殺的有一萬多人。

另一方面，朱元璋把文武百官的俸祿定得非常低。比如在洪武二十五年（西元一三九二年）的時候，他規定文武百官的年俸，最高的正一品官是一千零四十四石。當然這個是指米，一部分是折成錢的。最低的九品官一年的俸祿是六十石。九品以下那些不入流的吏就更低了，只有三十六石。明朝時，一省之長布政使官位是從二品，知府是正四品，像海瑞曾經擔任過的知縣是正七品，他們的年俸分別是五百七十六石、二百八十八石和九十石。再舉一個例子，當時最高的國家學府的主管——國子監祭酒的級別是從四品，每年的俸祿只有二百五十二石。也許有人會說，這麼多米一個人怎麼吃得完，不是已經很好了嗎？但是要知道，當時官員的年俸除了用於自己的開銷以外，還有所有的幕僚、師爺、隨從的薪俸以及各項辦公費用等統統是從年俸裡面預支的。這樣的話，哪怕是高級官員，他要靠這些收入過舒適的生活也是不可能的。低級官員如果不貪污，連養家糊口都困難。比如海瑞做知縣時，除了自己開銷以外，至少還有老婆的開銷，另外衙門裡面有一批人也要靠他開銷。因為他不貪污，所以只能過苦日子。相比之下，皇帝的兒子封了親王以後每年的俸祿有多少呢？是一萬石。也就是說，皇帝的兒子像朱元璋的二十幾個兒子，他們每年的俸祿差不多是最高級官員的十倍，這還不包括平時給他們的各種賞賜。由於官員正常的收入太低，所以儘管朱元璋採取如此嚴厲的措施，但貪污還是屢禁不絕。當然那時畢竟是剛開國，再加上朱元璋這樣的鐵腕統治，所以在明朝初年相對來說官員還比較清廉。但是朱元璋之後，他的後繼者並不具備這樣的權威來執行如此嚴苛的法律。而且如果下面的人都貪污，又有哪個官員願意或者敢用嚴刑來處理？此外，朝廷的收入是有限的，皇帝為了自己享樂，除了正常的開支以外，還需要大臣們額外貢獻。在這種情況下，皇帝怎麼還會去管大臣的錢是從哪裡來的，所以明朝初期以後，幾乎人人都貪污，或者人人都在正常的收入以外開闢財源，這樣才能夠執行公務、才能夠過日子。而那些真正的清官，就很難過日子了。比如說海瑞，他在世的最後兩年多裡擔任南京右都御史，年俸是七百三十二石，在所有的文官裡是第三位的高薪了，但是這個官衙門也很大，所以相當多的下屬都要靠他這點錢支付薪水。他又不像其他官員一樣，讓下屬去自謀出路搞賺錢，所以到最後自己一點積蓄都沒有。要讓一般的官員都像這樣嚴格地執行本來已經很不合理的制度，實際上是辦不到的。

在明朝的政治鬥爭中要把對方扳倒，最容易的牌是什麼？就是說對方貪贓枉法，貪污幾乎一查一個準。即使在今天一些被充分肯定的人物，比如明朝末年堅持抗清、最後在桂林就義的忠臣瞿式耜，在其家鄉常熟一帶卻是出了名貪贓枉法的劣紳。清軍進攻南京的時候，江南名流、東林黨領袖錢謙益率領文官投降，既然投降總要給清軍統帥送一點禮了，但為了表示自己的廉潔，錢謙益送的禮是最薄的。即使如此，禮物也包括有鎏金的茶壺、銀壺、玉杯，還有古玩，總共二十種。而其他大臣送的禮大多數價值在一萬兩銀子以上。這些官員僅僅靠一年幾百石的俸祿哪裡能夠集聚到上萬兩銀子？何況他們送的禮也只是他們搜刮來的一小部分。所以，海瑞不僅非常孤立，而且其他想學他的人往往也很難在現實面前堅持下來。由於這些法律、制度都是明朝的開國皇帝朱元璋定下來的，以後的皇帝、大臣明明知道不太合理，也不敢做大的改正，不敢重新制定一個比較合理的制度。比如，在正統五年（西元一四四〇年）的時候，有人提出，洪武年間定的關於貪贓枉法的處罰是滿一百二十貫免除絞刑充軍，現在物價上漲了，這個標準顯得太重，建議改成八百貫。從正統五年到海瑞時又過去了一百多年，但是並沒有人敢提出來把這個標準再提高或者提了以後也沒有執行。什麼原因呢？因為這些法律已經成了空文，已經沒有人認真去對待，更沒有人照這個法律執行。當大家都把制度當成一紙空文，實際上這個制度已經毫無作用了。

海瑞的悲劇就在於，他明明知道這些法律制度已經沒有辦法執行（我想海瑞這個智商還是有的），但他還幻想依靠這些法律或者道德的力量來維持他的理念，這註定不可能取得成功，所以他只能成為一個悲劇人物。

這種狀況一直維持到了清朝初年。清朝入關以後基本上承襲了明朝的制度，官吏的俸祿也是非常低，而且由於軍事行動頻繁，國家的開支浩大，朝廷還不斷要求官員們主動減俸、減薪，還要捐俸。地方上餘留的公款也一律要上交給上級部門，而且經常有各種額外的攤派，有的時候攤派找不到名目，就讓下面的官員自己想辦法。所以，有不少行政機構連辦公費都不發，都要自己去想辦法。而官員們非但能想辦法，生活還過得相當奢侈。什麼原因？既然上面叫我們自謀出路，那麼乾脆紛紛開闢財源。有的截留本來應該上交的公款，有的加重剝削，對老百姓橫徵暴斂，徵收的額度往往大大超過中央政府的規定。用得最多的一種辦法叫做「火耗」或者「耗羨」。糧食在儲存運輸的途中，重量會發生變化，如果天氣比較乾燥，一百斤糧食送到目的地的時候，可能就不到一百斤了；相反，如果天氣比較潮濕，可能分量就增加了。運輸路上還可能有各種狀況譬如遇到老鼠、蟲子也會消耗糧食。所以一般的話，都要在徵收糧食的比率裡稍微加一到二分，作為損耗預先徵在裡面。但是損耗不一定都會用完，所以就會多出一部分，這部分往往都是落進了地方官的腰包。所謂耗羨，就是這些多下來的糧食，折成錢後除了地方官自己那份，還要給上司，其他不同的部門也要送一點，以平衡各方關係。這個耗羨的標準各地是不同的，有的地方不是加一分兩分，而是乾脆加到了一錢也就是增收百分之十，還有的地方直接加到了四至五錢，最重的地方甚至是規定徵額的數倍。這些錢一部分當然是用於官府的開支，但大多數成了官員們額外的收入。所以，制度上雖然好像設計得非常清廉，都是低薪，但實際上，官員們額外剝削百姓，而且貪污現象相當嚴重。

康熙年間，貪污的現象已經很嚴重了，一些大官更加肆無忌憚。比如有名的滿族大臣索額圖、明珠，漢族大臣徐乾學、高士奇，這些人都貪污，所以當時有民謠「九天供賦歸東海（徐乾學），萬國金珠獻澹人（高士奇）」，錢都歸了他們，獻的珠寶也歸他們。從這些民謠中也可以看出，康熙時期一些高官已經貪污成風。康熙不是沒有覺察到這個情況的嚴重性，所以曾經懲辦過一些貪官，並樹立了正面典型，大力表揚于成龍、張伯行、張鵬翮，要求官員向他們學習。但康熙還沒有意識到是低俸祿制度造成了普遍貪污的弊病，沒有在懲處貪污的同時解決官員的待遇問題。所以到了後來，康熙發現，貪官越肅越多，就連自己樹為典型的那幾位清官也並不是真正兩袖清風。例如有人舉報張鵬翮在山東兗州當官的時候曾經收過別人的財物。還有張伯行，他喜歡刻書，每刻一部書得花上千兩銀子，光靠那些低微的俸祿，哪來那麼多錢？到了晚年的時候，康熙知道這些貪案是肅不清了，還開始為官員們辯護。他說：「如果真要一絲一毫都不收人家的禮，那麼日用的開銷和那些胥役怎麼辦呢？」康熙這樣一說，官員們貪污就更有理由了。皇上都說了，要是不稍微額外拿一點怎麼開銷呢？康熙居然沒有意識到，只有在制度上保證他的官員有足夠的合法收入，才能夠杜絕官員們收受賄賂以及在國家規定的賦稅額度以外橫徵暴斂。

雍正繼位以後，決心革除這個積弊，嚴厲打擊貪官、整頓吏治。一方面，要求國庫追回被貪官挪用的贓款；另一方面，他也懲處了一批貪官。但雍正也知道，光懲處貪官，不解決官吏正常的收入問題，在制度上是沒有辦法保證的，所以雍正採取了一個比較重大的改革措施。那就是化暗為明，通過給各級官員例外發「養廉銀」來解決他們日常收入不足的問題。

那麼怎麼來解決給官員加薪的財源呢？當時實行的是「耗羨歸公」，就是把在正常賦稅之外增加的部分都統一起來，規定每一兩銀子的賦稅加增五分，作為正常的稅收，結餘的錢由國庫統一調配，讓官員按照不同的級別提取養廉銀。這個養廉銀就作為對官員生活的補貼以及必要的辦公經費。名義上叫做補貼，實際大大超過了原來發的俸祿，所以官員們不貪污也可以過上體面的生活，也不必再為辦公費無處著落而發愁。國庫的開支並沒有增加，只是把原來對百姓的額外增收統一起來了。對百姓來講，大多數地方因為化暗為明，負擔反而減輕了。比如此後都是根據百分之五的比例來加收，以前的百分之十甚至百分之幾百的情況都沒有了。這些錢都歸了國庫，貪官污吏再想在這上面做手腳也就不容易了。因此，到了雍正年間，吏治有明顯改善，貪官污吏儘管沒有絕跡，但是的確大大減少了。那麼是不是有了這樣高薪養廉的辦法問題就完全解決了呢？也不見得。因為這樣的制度還要與嚴厲的法律相輔相成。到了乾隆年間，儘管拿了高薪，官員貪污的情況還是又變得嚴重了。

講到現在，大家要問，雍正的做法跟海瑞有什麼關係呢？回過頭來看看，海瑞本人的道德，他的廉潔和剛正遠遠超過雍正皇帝時代的那些官員，但是為什麼海瑞解決不了的問題雍正時期在很大程度上解決了呢？因為海瑞只是想通過個人的努力和自己道德的典範作用以及掌握的權力來實現他個人的理念，卻一直沒有或者不敢、或者不知道要去改變這樣的制度本身。比如，他明明知道要是不貪污的話，只能像他這樣過苦日子，卻不想一想，他可以為了自己的理念、為了自己的道德操守這樣做，但是其他人大都是不可能這樣做的。他自己可以恪守儒家道德，甚至年僅五歲的女兒都可以讓她餓死，只是出於不顛覆男女授受不親這樣的原則。我們想想，一個五歲的孩子懂什麼？再者，從男人手裡拿了一塊餅吃又違背了什麼大道理呢？另外，在對待官員方面，海瑞明明知道官員們生活以及辦公制度上的困難，卻提不出任何實際的解決辦法。

既然這樣，為什麼海瑞死後還是受到那麼多好評呢？為什麼在今天清官還有那麼大的魅力？為什麼這些年大家對海瑞的評價越來越高呢？其實這是寄託了百姓對清官的嚮往之情。大家都把海瑞作為一個典型，希望官員都像他那樣剛正不阿，都像他那樣廉潔，都像他那樣成為道德的典範。這些要求無疑是合理的，但是也要想到另一面，僅僅依靠道德的力量，僅僅依靠一兩名清官、哪怕一兩百名清官是沒有辦法解決那麼多矛盾的。所以在讚揚海瑞清廉剛正的同時，也不要忘記海瑞的悲劇和造成這個悲劇的原因，這樣才能吸取歷史經驗和教訓。

乾隆「肅貪」

上寄諭壯圖，問途中見商民蹙額興歎狀否。壯圖覆奏，言目見商民樂業，絕無蹙額興歎情事。上又令慶成傳旨，令其指實二三人，毋更含糊支飾。壯圖自承虛誑，奏請治罪。尋復察蘇州布政使庫，亦無虧。還京，下刑部治罪，比挾詐欺公、妄生異議律，坐斬決。上謂壯圖逞臆妄言，亦不妨以謗為規，不必遽加重罪，命左授內閣侍讀。繼又以侍讀缺少，改禮部主事。——《清史稿》

乾隆「肅貪」

乾隆「肅貪」，但這個「肅貪」要打上引號，為什麼？在中國的歷史上，大大小小的官員不知道有多少，有的人要不是偶然跟一個什麼重大的事件碰在一起，大概後世不會再有人提到他。比如尹壯圖就是這樣一個人物，他是乾隆後期的高級官員，官居內閣學士、禮部侍郎，相當於今天的副部長。當然因為他是內閣學士，實際上是皇帝的辦事班子裡的成員，所以在當時的地位可能比副部級還要高一點。但是，要說他有多大的政績，或者有多少故事講，倒也不見得。為什麼專門要提到他呢？因為在乾隆五十五年（西元一七九〇年），大概也是偶然的機會，他成為了一個重大事件的主角。

乾隆皇帝晚年的時候，如果發現各省的總督、巡撫有什麼錯誤或者不稱職的地方，往往採取罰款的辦法，所以只要交了一定數量的罰金，這個事情就過去了，在當時這已經成為習慣的做法。尹壯圖在從外地回北京的途中瞭解到一些情況，就向皇帝提出了意見，認為這樣做很不得體。他上疏說：「現在總督、巡撫犯了錯誤，皇上不撤他們的職，而是罰他們若干數量的銀子，這樣做使那些貪官沒有受到應有的懲處。因為要交罰款，有些官員就想辦法再去弄錢。清廉的官員也不得不指望下屬贊助，所以，如果以後遇到虧空營私的案子，難免千方百計加以庇護。所以表面來看，罰銀的制度很嚴，但是卻不能使官員們感到羞愧和恐懼，反而滋長了無所謂的念頭。所以我請求永遠停止這種做法，該罰款的，就應該記大過；不稱職的，該撤的就撤，該罷的就罷，該調回北京的就調回北京。」

這個意見看起來很平常，並無不當，但是卻在無意之中犯了乾隆的大忌。什麼道理？此時乾隆已經做了五十多年皇帝，到了晚年，特別是八十大壽慶賀過後，他總是覺得天下太平，自己這個皇帝是古今中外無可比擬的。然而實際上，督撫和各級官員已經貪污成風，貪官污吏比比皆是。但是乾隆皇帝要粉飾太平，希望自己在位期間能夠一切太平，所以只希望聽到歌功頌德之聲。即使有的時候掩蓋不住了，乾隆對督撫們也不會輕易處置，只是為了防止下面的人愚弄他，顯示自己明察秋毫，而不時找些督撫們小的過失差錯，表示他什麼都知道，不要想瞞他。另一方面，由於乾隆揮金如土，國庫裡面已經逐漸空虛。如果讓下面的大臣特別是地方官自願交一些罰款，既不需要擔當橫徵暴斂的惡名，還可以讓這些計畫外的收入充盈國庫。乾隆每次下江南表面上不動用國庫，實際上沿途下來都是地方官員或者當地的商人出的錢。他明明知道國庫裡面錢不多，又要繼續揮霍、維持大的排場，所以也就不再追究那些總督、巡撫交的罰款到底從哪裡來。

現在尹壯圖提出要改變這種做法，不僅斷了乾隆的財路，而且等於要乾隆認錯。如果真的照尹壯圖說的做，那今後督撫們如果真的犯了什麼錯或者貪贓枉法而被公開處分，這樣大案要案就多了。督撫都是一品、二品的大員，如果出了大事，豈不是影響了乾隆聖明天子的形象嗎？但是乾隆也知道，要堵住尹壯圖的口不難，因為只要下命令不許他說，尹壯圖肯定乖乖服從。難就難在怎麼使自己的光輝形象和他所維持的這樣一種太平盛世，不會受到尹壯圖這個建議的影響。乾隆著實費了一些心思。另外，乾隆也弄不清楚尹壯圖在這一建議提出之後還會有什麼建議，他又到底掌握了多少證據，所以乾隆首先在十一月十九日親自到乾清門聽政，然後下了一道上諭：「現在一些督撫，拿了優厚的俸祿，但是不能盡職，所以要給予罰款。讓他們拿一點錢出來，彌補自己的罪過，這只是一種偶然的做法，並沒有形成制度。如果有人膽敢以此向自己的下屬攤派，那就是貪污徇私，自蹈重罪。尹壯圖現在擔心出現這類弊病，要求永遠停止罰款的辦法，不是沒有見地，但是你要知道，因為一時可能找不到合適的人到地方上去擔任總督、巡撫，所以為了愛惜人才，只要沒有貪贓枉法罪行的，不必計較他們偶然的過失，從寬處理，照樣錄用。即使罰款，也是留在地方上作為工程建設需要，是公用的。這是考慮到那些地方官俸祿優厚、犯了錯誤又沒有到違法的程度，所以才採取罰款的方法，給他們一點小小的懲處。當然，我也知道，督撫中間可能有人會昧著良心，辜負我的恩惠，以籌款為名向部下伸手。所以，你既然提出這個建議，肯定有你的看法。那麼好，你不妨把所有的具體事實都報上來。如果真的有的話，我一定從嚴處理，絕不姑息。」

尹壯圖看皇上說了那一番苦衷，又表明了這樣虛心的態度，以為乾隆真的要聽意見，就把自己知道的情況一五一十都上報了，他根本不知道這正好落入了乾隆的圈套。尹壯圖說了什麼呢？他說：「我一路路過各省，那些地方官都聲名狼藉、吏治廢弛。我為了考察那些官員到底是不是好官，就去跟過往的客商和周圍的老百姓交談。他們有一半的人都皺著眉頭、搖頭歎息。我看各省的風氣大致都差不多，但是要問到底是誰下的命令攤派去搜刮錢財，上司和下屬之間到底有什麼勾搭，外人是不瞭解的。我也只是沿途聽聽，所以就寫進了奏摺，也不敢輕易說究竟是誰做了什麼事。皇上假如要瞭解的話，不妨選派您信任的滿族大臣和我一起到各省進行祕密調查，弄清楚當地的國庫到底有沒有虧空。」

乾隆一看，引蛇出洞的目的達到了，尹壯圖沒有掌握什麼具體的罪證，不過是道聽塗說，於是就窮追猛打，下令對尹壯圖進行批判。他親自寫了一道上諭說：「我把尹壯圖的彙報看了好幾遍，並沒有發現具體哪一個人做了哪一件不該做的事，都是些東拼西湊毫無根據的內容，拿空話來搪塞我。五十五年來我任用的地方官很多，凡是不計較他們的小缺點而錄用的，都是因為我還找不到更合適的人，或者他們犯的錯誤並不是貪污腐敗一類觸犯法律的事情，因此才酌情從寬處理。若真是發現嚴重貪污營私的，都已經對他們處以重刑了，從來沒有寬大過。你現在說沿途各省那些商人百姓中一半的人都皺著眉頭歎氣，好像現在世上的人都活不下去了。我做了五十五年的皇帝，對百姓像自己的子女一樣。我四次免除天下錢糧，兩次免除各省漕運，窮困的百姓都得到了實惠，這不是家喻戶曉的事情嗎？稍微有一點良心的百姓都會感恩戴德，怎麼會皺著眉頭歎氣、聚在一起發洩牢騷不滿呢？可能只是你尹壯圖路上偶然遇到一兩個小民百姓的控訴，你應該根據實際情況來報告，我一定會派欽差大臣去調查。這些話從哪裡聽來的，什麼地方有什麼情況，你趕快把情況一五一十交代清楚。你要求派滿族大臣去祕密調查，朝廷從來沒有這樣的制度。況且各省情況都不同，倉庫充足的自然不需要盤查，即使有虧空，他們一聽到欽差大臣要去，也早就設法補足了。名義上是盤查，實際上有名無實。現在天下的州縣加在一起有一千多個，查上幾年也不能查遍。所以其實你尹壯圖心裡明白，這件事情是辦不到的。你不過是知道自己學問平平，在朝廷裡升不上什麼大官，外放出去也做不了地方大員，所以準備藉這種奏摺來顯示自己的才能，或許還能僥倖弄個大官做做，又可以藉盤查之名到各地去恐嚇訛詐，希望得到賄賂。你這樣惡毒的用心豈能逃過我的眼睛？」

乾隆利用這個機會又為自己吹噓了一番，說自己五十五年皇帝做下來，年過八十還能親自管理天下大事，勤政愛民，天下人都知道。這個時候，乾隆已經決定，他做滿六十年皇帝就傳位給太子也就是後來的嘉慶皇帝。為什麼？據說乾隆認為，他的祖父康熙皇帝做了六十一年皇帝，這是中國歷史上最長的，他不應該超過他的祖父。

乾隆又說：「我這麼大年紀了，從來不敢偷懶，孜孜不倦以報答上天對我的厚恩。所有大臣都說從我辦事的情況看來，精神強固，不像是一個老人。照你尹壯圖這麼說，我是被人蒙蔽了，外面的情況我不知道，你現在給我直接講清楚，哪個省虧空在什麼地方，搖頭歎氣的又是哪些商人、百姓，究竟講了些什麼，老老實實報告上來。如果你報得出來，我肯定不能讓他們蒙混過關，但如果你報不出來，那就是犯了欺君大罪！」

這個時候尹壯圖才知道，他上了乾隆皇帝的當。要是他不講後面的這些話，也許還能蒙混過關，現在乾隆興師問罪，要他交代具體，那他怎麼說呢？沿途的情況，他的確不可能都一五一十記下來深入調查。另外，皇帝這麼說了，他怎麼敢繼續講他看到的那些問題。所以，他馬上寫了認罪書，承認自己措詞不當，請求皇上治罪。乾隆要把文章做足，根本不肯甘休，要充分利用尹壯圖這一事件來挽回自己的面子。所以乾隆又下了一道上諭，他首先指責尹壯圖提這一建議是為了討好各省的督撫，然後又逐條進行駁斥，因為乾隆最看不得的是尹壯圖居然說天下一半的人都皺著眉頭在抱怨——如果真是這樣，自己這個皇帝還當什麼？乾隆歷數清朝開國以來的深仁厚澤，從順治皇帝、康熙皇帝、雍正皇帝，一直講到他自己，他說：「我們清朝統治以來，上古三代以至宋朝、元朝都沒有能夠比得上的，你尹壯圖難道不知道嗎？你還說大家皺著眉頭歎氣嗎？這等於是蠱惑人心，簡直『自絕於人民』。」乾隆又說：「你看到各省到京城來告狀的人增多了，這不是說明問題嚴重，而是由於平時我愛民如子，民間一些雞毛蒜皮的事都容不得稍微有一點冤枉，所以那些人才會跑到北京來告狀。黎民百姓還知道感激，你一位政府大員難道還不如他們嗎？」

接下來，乾隆想出一個主意。他讓滿族大臣慶成帶上尹壯圖到山西去查究竟國庫有沒有虧空，並說：「如果查下來真有，那算你尹壯圖了不得；如果沒有虧空，就說明你以前都是捕風捉影、沽名釣譽，不但誣陷地方官，也將天下億兆子民對我的感恩戴德全部抹殺了。」尹壯圖當然是不敢去的，連連認罪，但是沒有用，乾隆說要把這件事情佈告天下。一些大臣也紛紛上書要求將尹壯圖撤職查辦，並且又開始大規模歌頌乾隆皇帝如何勤政愛民。乾隆則堅持不對尹壯圖做組織處理，而是要讓「事實」說話，也要讓全國各地官員都知道他對尹壯圖是多麼寬大。

大家想一想，乾隆下了命令，要讓尹壯圖到各地去盤查，會查到什麼結果呢？首先，各省的地方官已經有了充分的準備時間，從乾隆發出這個命令到他們動身，再到達省城和其他各州縣，這些地方早就準備好了，還會讓他查出什麼問題？第二，要是真的讓尹壯圖查出什麼問題來了，那已經不是他們自己的問題了，豈不是給皇上添亂嘛！那不是證明尹壯圖對、乾隆錯了嗎？在這樣的大是大非面前，地方官絕對不會有一點含糊。所以尹壯圖跟著慶成到達山西大同，一查自然完全沒有問題，一絲一毫都沒有，倉庫的糧食有多少石都跟賬本上的完全一樣。到這個時候，尹壯圖只能回覆乾隆，承認自己以前講的完全不是事實，懇求回到京城接受處罰，說自己是由於太愚笨才得罪了皇上，並且說現在要晝夜趕路，儘快回到朝廷接受處罰。但是過了幾天，乾隆又下了第四道上諭，說：「尹壯圖名義上認錯，但實際上造成了假象，好像我這個皇帝容不得他的直言，所以此人居心巧詐，殆不可問。」乾隆說因為尹壯圖升不了官，又不能到地方上做官多拿一些養廉銀子，才用這種卑鄙的手段。同時他還發現，尹壯圖的奏稿裡面錯別字不少，這樣的人怎麼能擔當起教育百姓的重任呢？乾隆還想起，尹壯圖曾提議要去盤查淮揚一帶。沿運河到揚州這一帶有很多鹽商，鹽商肯定會害怕欽差大臣，所以只要尹壯圖去了，他們肯定會賄賂欽差，這樣尹壯圖就能名利雙收。乾隆說：「你這種伎倆騙騙一般愚笨的皇帝還行，怎麼騙得了我呢？我早就把你的心肺看得清清楚楚了！」尹壯圖已經承認到大同查下來完全沒問題，但是乾隆指出：「你尹壯圖現在查了一個省，如果現在不讓你查了，將來你肯定會不服氣，也許會說還有其他省沒查。」所以乾隆傳令下去，繼續檢查，所有地方都要查下去。同時，乾隆也降低了尹壯圖的開支標準，說：「現在慶成是奉我的命令出去的，是欽差大臣，要享受欽差大臣的待遇，所有出差費用都用公款。尹壯圖是自願去盤查的，提供交通工具已經不錯了，不能再給他出差費用，不過看在他是一個窮書生的份上，估計也不會有太多錢，所以可以在慶成的出差費裡稍微分一點給他。」當然，乾隆也害怕要是尹壯圖過分緊張、路上有個三長兩短，那這件事就進行不下去了，於是轉告慶成，尹壯圖這個人罪雖然重，但畢竟只是愚昧無知，還罪不至死，所以要讓他繼續盤查，讓他心服口服。實際上這是示意慶成加強對他的監視，不要出了事。

尹壯圖沒有辦法，只好跟著慶成按照乾隆的指示繼續檢查。因為他的奏摺裡曾經提到，認罰最多的是總督、巡撫，他們所得的養廉銀子除了應酬以外，應該還有結餘，但肯定不多了，那麼錢是從哪裡來的，怎麼會拿到那麼多的罰款？乾隆就說：「既然這樣，山西巡撫書麟就是認罰的其中一個，你應該當面去問書麟錢是哪裡來的。」乾隆還通知直隸、山東、江蘇、浙江等省，說如果尹壯圖來查的話，只可以供應他馬匹，而慶成則按規矩沿途供應出差費。

在收到這道上諭之前，慶成已經帶著尹壯圖從山西回到北京了。所以，到十二月初九，乾隆又發出一道上諭，叫他們趕快回太原，務必當面向書麟調查清楚，然後又讓他們到正定、保定、濟南，再到江南各地去調查。乾隆又斷定，尹壯圖之所以說各地州縣都有虧空，是因為他經過這些地方的時候，打秋風沒有打成，實際上是想藉有偏差為名敲詐勒索地方。尹壯圖沒有辦法，又從北京趕到太原，之後馬上報告乾隆，說書麟告訴他歷年積攢的養廉銀子交罰款綽綽有餘，沒有必要再去找其他門路。因此尹壯圖再次承認自己說話「過當」，現在已經心服口服，請求乾隆是不是可以恩准他不要查下去了，回到北京等候處分。

到了十二日，乾隆又通過軍機處傳令，讓尹壯圖繼續到山東、江南盤查。尹壯圖到了山東以後，又上報：「沿途地方百姓生活安定，我隨時查訪，根本沒有搖頭歎息的事情。」可是乾隆還不甘休，到了二十八日，又命令軍機大臣傳諭，讓尹壯圖無論如何也得找出兩三個人來，不能支支吾吾、含糊其詞。

這時乾隆又抓住了尹壯圖的一個把柄。尹壯圖當初是從北京回原籍雲南，如果到雲南去，只能夠經過直隸、河南、湖廣、貴州，怎麼會跑到江浙、廣西這些地方呢？肯定是繞了彎路以便到地方上打秋風，所以命令他必須老實交代。尹壯圖報告自己是在回家辦理家人喪事的路上看到的，乾隆就說：「你為什麼繞這麼多道呢？」實際上這又是在找碴了。尹壯圖知道，再也不能為自己辯護了，就直截了當承認自己完全是捏造事實欺騙皇上。照常理，這幕戲該收場了，但是乾隆還是要尹壯圖按原計畫繼續查江南。到了蘇州後，他們發現倉庫也毫無虧空。

乾隆覺得現在完全掌握主動權了，於是又發表了一個長篇的上諭。他指出：「尹壯圖原來擔任內閣學士，並不是因為你本人有多大才能，也不是因為雲南沒有出過什麼大員。只是內閣學士要講求地區平衡，而你尹壯圖來自西部地區，所以才照顧你，予以破格提拔。你能夠出任學士已經很僥倖了，想不到你還想往上爬。我已經看破了個中究竟！」乾隆還利用這個機會再一次宣揚了自己的政績，他說：「以前只有漢文帝曾經免過百姓一半的田租，在歷史上已經是不得了的事情。我現在已經免了四次，尹壯圖非但不瞭解我這一番苦心，反過來還要指責我。對待像尹壯圖這樣的人，一定要嚴肅處理，要徹底批判他那一套謬論，讓大家明白真相。」

其實，乾隆是把尹壯圖當成一個反面教材來做文章，真正的目的還是要維護他自稱的功德圓滿。乾隆後來自稱「十全老人」，容不得半點對他的批評和對他統治國家的微詞。所以乾隆對尹壯圖說：「現在經過你的調查，什麼東西都調查不出來，拿不出任何事實，可見你是有心欺上。」這個時候，乾隆又發現原來尹壯圖年過七十的母親還留在故鄉，既然不能將母親接到北京來，就應該辭職回鄉去贍養母親。於是，乾隆說：「你尹壯圖為了貪圖官位，竟然把母親扔在鄉下不顧，這樣的人還算是人嗎？你不但對不起君上，而且無親，不孝，人倫喪盡，這樣的人怎麼還能做官？」尹壯圖最終被革職，被慶成押回北京，交予刑部受審。到了正月十八日，乾隆讓軍機處責令尹壯圖對要害問題逐一交代。

到了二十日，乾隆又下了一道上諭，指出：「各省的藩庫國庫裡存銀有數十百萬兩，根本不可能短期內在欽差大臣到達以前就把虧空彌補。現在事實證明，山西、直隸、山東、江蘇四個省的國庫根本沒有虧空，四個省的布政使都應該受到表揚。」尹壯圖只能低頭認罪，承認所有一切都是編造的，自己忠孝兩虧，犯下了彌天大罪。大臣們一致認為，尹壯圖欺騙皇上，而且故意提出非法建議，應該判他死刑。

二月初四，乾隆親自對這個案件做了總結。他充分肯定了文武百官的正確立場，認為尹壯圖即使不馬上斬首，也應該發配到伊犁，以示懲戒。在這種情況下，如果還要讓尹壯圖官居原職，不僅不能使天下百姓安心，也顯得自己太矯情了。乾隆還舉了唐太宗和魏徵的例子，魏徵老是提意見，唐太宗很賞識他，其實他們唱的是雙簧戲，並不表明唐太宗真的謙虛、魏徵真的敢提意見。乾隆說：「這種事情其實完全不是真的。我現在要實事求是，所以不能假裝為了聽尹壯圖的意見就不懲處他。」但最後怎麼處理呢？乾隆在歷數了尹壯圖的罪狀以後，出人意料地對尹壯圖做了寬大處理：免於刑事處罰，只是降了職，從內閣學士降一級為內閣侍讀，但屬革職留任，即職務沒有了，但仍留在原來位子上，規定在八年之內沒有過失才能恢復原職。這個處分等於是思想批判從嚴，行政處理從寬。處分也是很微妙的，等於說這八年裡，要尹壯圖老老實實的，如果不安分守己的話，隨時可以根據原來的罪名處理。同時，乾隆下令把這件事情的前因後果、他所有的上諭和有關的文件都彙編起來，佈告全國，讓全國的臣民都知道。顯然，乾隆是藉尹壯圖的奏摺做了一大篇文章，使其他人不敢再對他提意見，以此來維持太平盛世的景象。尹壯圖雖被降為侍讀，但侍讀是有一定名額的，因為沒有缺額便被安排到禮部主事的位子上，等於從副部級降到了司局級。別忘了，乾隆曾經指責尹壯圖把老母留在家鄉，是戀職忘親、人倫喪盡，現在居然繼續讓他在北京做官。倒是尹壯圖自己知趣，以要回家侍奉老母為由辭職回鄉了。

本來在專制集權統治下，大臣給皇帝提意見，不合皇帝的口味，那麼罷官、充軍甚至殺頭並不少見，為什麼乾隆對尹壯圖要採取這樣一種辦法呢？逼著他去幾個省盤查，藉他的嘴來否認他自己以前的意見，還藉他的嘴來肯定上諭裡一次次所宣揚的太平盛世。在一定程度上，乾隆這是受了他父親雍正皇帝的影響。雍正皇帝因為繼位的過程不明不白，所以在民間一直有他篡權奪位的流言。雍正在處理曾靜、張熙、呂留良案子的時候，不是殺了曾靜，而是啟發曾靜做交代，要他把這些過程一五一十都說出來，讓他寫了長篇的口供，然後連同皇帝有關的上諭以及審訊時的紀錄編成一本書，名叫《大義覺迷錄》。雍正還把這本書印刷出來發到各個州縣的學校，讓地方官向臣民宣講，曾靜和張熙也被寬大處理。雍正為什麼這麼做？就是想藉這件事來證明自己的清白，證明自己的寬宏大量和問心無愧。

乾隆讓尹壯圖到各個省去，藉尹壯圖之口承認各省的國庫沒有虧空，是尹壯圖別有用心造謠生事，實際目的還是維持太平盛世的形象。因為像尹壯圖這樣的人不會有第二個，所以處理了尹壯圖以後乾隆認為目的已經達到了。當然，尹壯圖最後能被寬大處理，也在於他能夠積極配合乾隆，不僅及時認罪，還一次次所謂如實向皇帝報告調查情況，比如他說：「我親眼看到，各個省的國庫裡面物資充盈，銀子沒有少一絲一毫，往來幾千里看到商人、百姓安居樂業，也根本沒有發現地方官滋擾百姓的事。」他還進一步描寫，經過各省的時候，正是新年期間，巷子裡、街道上，到處是摩肩接踵來往的人群，大家都帶著肉，拿著酒，老人小孩都怡然自樂，真是一片太平盛世。尹壯圖的話正好用來證明乾隆皇帝的英明和偉大，否則如果他不識時務、一味對抗的話，這齣戲是演不下去的，他自己的結局也不會那麼平安。

乾隆到底有沒有取得完全的勝利呢？乾隆死後不久，他的兒子也就是嘉慶皇帝，把乾隆寵信的權相和珅撤職查辦，逼和珅在監獄裡自殺。又過了一年，嘉慶重新召尹壯圖進京予以重用，這也就宣佈了乾隆晚年煞費苦心維持的所謂太平盛世的破產，尹壯圖上書事件的真相也已然大白。乾隆晚年刻意粉飾的太平盛世實際上並不存在，儘管清朝衰亡是以後的事，但是現在可以看得很清楚，在乾隆的時候不少方面其實敗相已露，可以說乾隆晚年的行為已經埋下了清朝衰亡的禍根。

中國歷史上的幾個片段，到現在已經講完了。如果有朋友問我，為什麼選擇這些片段？其實我一開始也說了，中國的歷史那麼豐富，要講的內容「三千零一夜」「一萬零一夜」甚至「十萬零一夜」都說不完，我之所以選擇這些題目，無非是兩方面原因：第一，這些內容是我稍微做過一些瞭解和研究的，我敢講；第二，我覺得這些題目還是很有意思的。所以，如果大家通過這些內容增加了歷史常識，而且受到了一定的啟示，我就非常滿足了。

國家圖書館出版品預行編目 (CIP) 資料

那一刻誰影響了歷史 / 葛劍雄著 . -- 初版 . -- 臺
北市 : 風格司藝術創作坊 , 2015.11
面；　公分
ISBN 978-986-91787-3-0(平裝)

1. 中國史　2. 通俗史話

610.9　　104008296

那一刻誰影響了歷史

作　　者：葛劍雄
編　　輯：苗　龍
發 行 人：謝俊龍
出　　版：風格司藝術創作坊
106 台北市安居街 118 巷 17 號
Tel：(02) 8732-0530　Fax：(02) 8732-0531
http://www.clio.com.tw
總 經 銷：紅螞蟻圖書有限公司
地址：台北市內湖區舊宗路二段 121 巷 19 號
Tel：（02）2795-3656 Fax：（02）2795-4100
http://www.e-redant.com
出版日期：2015 年 11 月　第一版第一刷
定　　價：280 元

ISBN 978-986-91787-3-0　Printed in Taiwan

Knowledge House & Walnut Tree Publishing

Knowledge House & Walnut Tree Publishing

Knowledge House & Walnut Tree Publishing

Knowledge House & Walnut Tree Publishing